# Ellas caminaron con Jesús

By

Dolores Cannon

OZARK
MOUNTAIN
PUBLISHING

Previously published by and Permissions given to print by:
Ediciones Luciérnaga

© 1994 por Dolores Cannon
Primera edición: noviembre de 1997 con Ediciones Luciérnaga
Primera edición in USA: 2020 with Ozark Mountain Publishing, Inc.

Permiso otorgado para la reproducción de dibujos y fotografías de: "La arqueología del templo de Herodes", por F. J. Hollis DD Publicado en 1934 por J. M. Dent and Sons Ltd. Londres.

Ozark Mountain Publishing, Inc., Attn.: Permission Department, P.O. Box 754, Huntsville, AR 72740-0754.

**Library of Congress Cataloging-in-Publication Data**
Cannon, Dolores, 1931-2014
*Ellas caminaron con Jesús (They Walked with Jesus) por* Dolores Cannon

Secuela de: *Jesús y los esenios*
Más relatos de testigos presenciales de las partes perdidas de la vida de Jesús. La información se obtuvo mediante hipnosis regresiva, realizada por Dolores Cannon.

1. Hipnosis   2. Reencarnación   3. Terapia de vidas pasadas   4. Jesús
5. Historia: Tierra Santa
I. Cannon, Dolores, 1931-2014  II Historia: Tierra Santa III. Reencarnación IV. Título

Library of Congress Catalog Card Number: 2020946309
ISBN 978-1-950608-04-1

Ilustración de la cubierta: Broadaway Printing
Book set in Adobe Times New Roman Script
Book Design: Nancy Vernon
Traducción: Blanca Ávalos

Published by:

OZARK
MOUNTAIN
PUBLISHING

P.O. Box 754
Huntsville, AR 72740-0754
Impreso en United States of America

# Índice

# Índice de Ilustraciones

# 1 - Descubrimiento de los encuentros con Jesús

Mi trabajo como hipnoterapeuta especializada en las terapias de reencarnación y vidas pasadas me ha conducido a situaciones extrañas y por senderos desconcertantes. Me ha permitido mirar a hurtadillas por los ocultos rincones de la mente subconsciente donde lo desconocido permanece envuelto en las brumas del tiempo. He descubierto que toda la historia de la humanidad está grabada en la mente de la gente que vive hoy, y si estos recuerdos no se tocaran, seguirían latentes y sin ser descubiertos.

No obstante, las circunstancias creadas por nuestro convulso mundo moderno han hecho que estos recuerdos salgan a la superficie, a menudo sin ser llamados, ya que influyen en vidas presentes de formas con frecuencia inexplicables. Debido a que hoy en día la terapia de vidas anteriores se utiliza como instrumento de ayuda para solucionar problemas, estos recuerdos están saliendo a la luz más que nunca. La gente, quizá por primera vez, se ha permitido admitir que el cuerpo en el que viven y los recuerdos de su vida actual no son la meta del ser humano. Son mucho más de lo que ven en el espejo y de lo que recuerdan conscientemente. Existen profundidades sin desentrañar cuya investigación sólo acaba de empezar.

Desde que inicié mi trabajo en 1979, he descubierto que en apariencia, todos nosotros tenemos recuerdos de muchas vidas pasadas que duermen en nuestro subconsciente.

Mientras podamos funcionar satisfactoriamente en nuestros estados normales de conciencia, no es importante explorar estos recuerdos. Creo que la vida más importante de todas es la que vivimos actualmente, y ése es nuestro propósito de existencia en el mundo en el tiempo presente. Debemos esforzarnos por vivir esta vida de la mejor manera posible.

Muchos sostienen que la reencarnación es una verdad, y creen que han vivido incontables vidas pasadas, pero se preguntan por qué no las recuerdan. El subconsciente puede compararse con una máquina, una grabadora, un ordenador muy sofisticado. En nuestra vida presente, millones de minúsculos y rutinarios fragmentos de información nos bombardean constantemente: diversas vistas, olores, sonidos, datos sensoriales. Si a toda esta información se le permitiera pasar a nuestra mente consciente, no podríamos funcionar, estaríamos totalmente abrumados. Por lo tanto, el subconsciente actúa como filtro y como guardián. Nos permite centrarnos en la información que necesitamos para vivir y funcionar en nuestra sociedad.

Pero es importante recordar que toda la información restante que ha sido recogida sigue allí, en los bancos de memoria del ordenador. Nunca se pierde, sino que es almacenada por una especie de subconsciente avaro. ¿Quién sabe la razón? Todo está allí y puede ser aprovechado. Si una persona fuese inducida a regresión hasta el momento en que hubiese cumplido los doce años en esta vida, podría recordar y, de hecho revivir todo el episodio. Sabría los nombres de todos los niños allí presentes en su fiesta, y si se le pidiera, podría incluso describir con detalle la comida, los regalos, el mobiliario y el papel de las paredes. Éstos son algunos de los fragmentos de información rutinaria que se almacenaron con el registro de su fiesta de cumpleaños. Existe en la mente un registro completo de imagen y sonido para recrear la escena hasta el más mínimo detalle. Todos y cada uno de los días, todos los sucesos de nuestra vida están grabados de manera similar y se puede acceder a ellos si es necesario.

Por eso, si toda nuestra vida actual está a disposición del subconsciente, todas nuestras vidas anteriores también están allí, listas para introducirse en ellas. Me gusta compararlo con una gigantesca videoteca: pedimos al subconsciente que extraiga el vídeo correspondiente a una vida anterior y lo inserte en la máquina de la memoria. Si nos damos cuenta de la enormidad de tal banco de memoria, podemos comprender por qué no sería conveniente —de hecho sería perjudicial— que esos recuerdos fuesen conscientes en nuestros estados cotidianos de vigilia. Nos sentiríamos aplastados. Sería muy difícil funcionar si otras escenas y relaciones kármicas de vidas anteriores se filtraran y oprimieran constantemente nuestra vida actual.

Así pues, el subconsciente es selectivo al dejar que nos concentremos en lo más esencial para vivir en nuestra actual situación y entorno. De vez en cuando surgen problemas cuando otras vidas pasadas influyen en la presente. Determinadas circunstancias pueden funcionar a menudo como detonante que repentinamente pone bajo el punto de mira el recuerdo de una vida pasada. Ésta es la misión de la terapia de vidas pasadas: ayudar a descubrir patrones que se han establecido, o enfrentarse al karma no resuelto que aparece e interfiere (a menudo de manera negativa) en los asuntos cotidianos.

Muchas de las personas con las que hemos trabajado, tanto yo como otros terapeutas de vidas anteriores, han recibido ayuda profesional (física y mental) durante años, sin haber encontrado las respuestas que necesitaban. Relaciones inquietantes con otros, que no tienen explicación en esta vida, pueden con frecuencia encontrarse en acontecimientos tensos y traumáticos de otras vidas. Muchas fobias y alergias tienen su origen en otras vidas. Un ejemplo: la aversión al polvo y a los perros se localizó en una vida de pobreza en la que un sujeto, que vivía en el desierto, tenía que espantar a los perros

3

para defender una escasa provisión de comida. Los orígenes de padecimientos físicos constantes y resistentes a un tratamiento convencional pueden, con frecuencia, encontrarse en otras vidas. El origen de una larga historia de graves dolores de cuello de un sujeto se encontró en dos muertes violentas: una por guillotina, y otra por el hacha de guerra de un indio clavada en la nuca. Un joven universitario no podía terminar sus clases debido a la aparición de fuertes dolores abdominales en momentos de tensión. Esto se remontaba a vanas vidas atrás en las que la muerte implicaba un traumatismo en esa zona del cuerpo: muerte por espada, atropellado por un carruaje, un disparo, etc. Comer en exceso de forma compulsiva y tener exceso de peso puede ser con frecuencia el resultado de recuerdos persistentes de muerte por hambruna, o por haber matado de hambre a otro. Esto último creó la necesidad de pago de deudas kármicas.

Una mujer que deseaba tener un hijo, pero padecía continuos abortos, descubrió que había muerto al dar a luz en una vida pasada. Debido a que el subconsciente no reconoce el concepto de tiempo, cree que está cumpliendo su cometido protector no permitiendo que esto ocurra de nuevo. Su método, en el caso de la mujer que abortaba, era impedir todo posible embarazo. En esos casos, la terapia implica trabajar directamente con el subconsciente y convencerle de que el cuerpo que tuvo problemas físicos ya no existe, y que el cuerpo actual está completamente sano. Una vez que se da cuenta de la diferencia, y que la personalidad actual no corre peligro, los problemas se resuelven rápidamente.

A veces la respuesta puede encontrarse en una sola vida pasada. En otras ocasiones, la causa es más compleja porque se ha establecido por repetición un patrón que abarca varias vidas. Es importante hacer hincapié en que, como toda terapia, trabajar con vidas pasadas no es una panacea mágica. Una vez descubiertos los indicios, la personalidad presente debe seguir usándolos como herramientas e Incorporar la

4

información en su vida presente. Cuando la persona aplica el conocimiento y trabaja con él, los resultados pueden ser a la vez asombrosos y satisfactorios.

A lo largo de los años en los que he trabajado con cientos y cientos de sujetos sobre una miríada de temas, en ocasiones ha habido casos interesantes que requerían más estudio. Pero la gran mayoría de casos tenían que ver con vidas que probablemente podrían ser consideradas rutinarias y aburridas. Podría parecer que nada interesante ocurría en ellas. Pero, precisamente éstos son el tipo de casos que añaden validez a las regresiones a vidas pasadas. Si, en determinado momento de una vida futura, cualquiera de nosotros fuese regresado a esta vida presente, probablemente volveríamos a escenas aburridas y corrientes, porque la vida es así. Pocos de nosotros somos tan importantes, hacemos cosas tan sensacionales, como para que nuestros nombres salgan en los periódicos o en las noticias de la televisión. Hay mucha más gente corriente que famosa en el mundo.

Aunque yo considerara que una regresión concreta carecía de incidentes notables, lo importante es que ayudaba al sujeto a encontrar lo que buscaba. Muchas veces después de una sesión de este tipo, creía que la persona se sentiría defraudada. Me sorprendía cuando me decían que el recuerdo era de capital importancia para ellos, y explicaban que era algo sobre lo que siempre habían querido saber. Por tanto, no soy yo quien tiene que juzgar qué recuerdos son importantes y útiles como herramienta terapéutica. Estos tipos de regresiones rutinarias e innumerables son la norma, y nunca se escribiría nada en relación con ellas a menos que fuese como una acumulación de tipos de vidas, o una versión condensada de historia, relatada por varias personas que vivieran en el mismo período.

Mis libros proceden de una minoría privilegiada de casos en los que tuve la gran suerte de trabajar con algún sujeto que resultó vivir en una época importante de la historia, o que estaba relacionado con un personaje importante. Aún no he descubierto a un Napoleón o a una Cleopatra, ni lo espero. Son mayores las probabilidades de encontrar una vida en la que el sujeto haya estado relacionado con Napoleón o Cleopatra. En tal caso uno tendría que centrarse en lo que recuerda de esa persona famosa, y nunca se obtendrían detalles más personales. Aun en el caso de que la persona hubiera vivido durante un acontecimiento histórico importante, sólo contaría lo que hubiera experimentado personalmente. Por ejemplo, un campesino no estaría al tanto de los detalles conocidos por el rey de un país, y viceversa. El relato siempre sería contado desde su exclusivo punto de vista. Cualquier otra cosa sería reconocido de inmediato como una fantasía.

Cuando escribí *Jesús y los Esenios*, nunca creí que volvería a encontrarme con otro sujeto que tuviese conocimiento de detalles tan personales de la vida de Cristo. Ese libro fue el relato contado por uno de los maestros esenios de Jesús en Qumran. Ocurrió cuando hice la regresión a una joven a ese período, y surgió el inesperado descubrimiento. La joven ni siquiera había terminado la enseñanza secundaria, y esto convirtió en aún más importante la información teológica e histórica judía, ya que no era posible que ella recopilara esta información partiendo de su propia educación. Pero ese caso fue una oportunidad que se presenta una vez en la vida. Fue la razón por la que pasé tanto tiempo intentando obtener tantos detalles como fuese posible. La sola idea de volver a encontrarme con otro sujeto que hubiese vivido en el mismo período y que también hubiese estado relacionada con Jesús, me parecía imposible.

He hecho regresión a personas a ese tiempo y región, pero hablaban de sus vidas normales como soldado romano, habitante de Jerusalén, o vendedor del mercado. No mencionaron a Cristo, aunque probablemente vivieron en Inmediata proximidad a él. Esto añade validez a mis hallazgos, ya que muestra que la gente no es propensa a fantasear con el deseo de haber estado asociada con Jesús.

Cuando se les dio la oportunidad, siguieron con el relato de su propia y exclusiva historia. Probablemente sea cierto que en todo el mundo hay un gran número de personas que en una vida pasada estuvo en contacto con Jesús, y que lleva este recuerdo encerrado en su subconsciente. Pero ¿cuáles son las probabilidades de encontrarme con otra de ellas en mi trabajo con hipnosis regresiva? Diría que escasas, y con razón. Ciertamente no esperaba que sucediera de nuevo después de mi experiencia con Katie y la redacción de ese libro en 1985.

Sí que trabajé con una mujer que estaba tan convencida de que había vivido en ese tiempo, que intentó fantasear un recuerdo bajo hipnosis. No creo que intentase mentir o que tuviese segundas intenciones. Sencillamente creía con todas sus fuerzas que había sido Isabel, la madre de Juan el Bautista, y nadie la convencería de lo contrario. Quería una regresión para probárselo a sí misma y a su escéptica familia. Acepté hacer con ella una regresión a una vida pasada, pero no me encontraba cómoda, y en consecuencia fui incluso más observadora y diligente al escuchar al sujeto. Tan pronto como entró en trance empezó a describir el escenario de Tierra Santa, y su relación con Juan y Jesús. Se emocionó mucho a medida que hablaba sobre el arresto de Juan y de su inminente muerte. Hubo vanas cosas que inmediatamente revelaron que se trataba de una fantasía. Cuando empecé a hacerle preguntas de sondeo, no pudo contestarlas. Se ciñó estrictamente a la versión bíblica y no se desvió ni un ápice. En otras palabras: no era capaz de responder a ninguna pregunta que no se relacionara con lo que podía encontrarse en la lectura de la Biblia.

Otro indicio fue su comportamiento corporal. En un trance normal, el sujeto yace tumbado, casi inmóvil, mientras que su respiración y tono muscular cambian y el movimiento rápido ocular (REM) aumenta. Éstas son señales que el hipnotizador observa y controla para determinar la profundidad del trance y también para estar alerta ante cualquier indicio de trauma. Esta mujer no estaba relajada. Su cuerpo presentaba agitación. Se retorcía constantemente las manos, su respiración era variable, el movimiento de sus ojos no era correcto. Su comportamiento en conjunto manifestaba angustia. Después de media hora así, tiempo en el que yo empleaba de continuo técnicas de profundización, de pronto realizó lo que yo llamo «saltar por encima». Cambió de la escena que estaba describiendo, a otra que tenía que ver con una vida diferente. Esta vez, se trataba de un sacerdote italiano en una iglesia pequeña y pobre. Su cuerpo se relajó y resultó una regresión normal y rutinaria. Habló de la historia de un sacerdote inadaptado que era muy desgraciado con la vida que el destino le había deparado. También yo me relajé porque sabía que pisábamos terreno firme de nuevo. Era evidente lo que había ocurrido: su subconsciente intentaba cumplir su deseo y hacerse ilusiones de una vida con Juan y Jesús, pero a medida que el trance se hacía más profundo, ya no pudo mantener la simulación y salió a la luz una regresión normal.

Sucedió otra cosa durante esta sesión, que ocurre raras veces. Durante la falsa regresión, sentía que una inmensa cantidad de energía emanaba de su cuerpo. Cuando ocurre esto, se siente como calor, y crea un efecto de atracción y de agarre en mi cuerpo. Es sumamente incómodo, y puede alterar ml control y concentración en las preguntas. Con frecuencia me aparto, si puedo, un poco del sujeto (un metro, más o menos, es suficiente) hasta que desaparece la sensación. Durante el tiempo en el que se presentaba el perturbador flujo energético de la mujer, me percaté de que la grabadora había dejado de funcionar. Al tiempo que seguía haciéndole preguntas, intentaba también echar a andar de nuevo esta ayuda mecánica de mi trabajo. Cuando la abrí, encontré que la cinta estaba atascada y se había enrollado en el cabezal. Coloqué una nueva cinta y seguí con la sesión. Cuando entró en la regresión normal del sacerdote italiano, la grabadora funcionó con normalidad. Como he dicho, esto ocurre raras veces, y generalmente en casos que implican una gran tensión

8

y ansiedad para el sujeto. ¿Pudo el campo energético, que de hecho yo percibía, afectar de alguna manera a la grabadora? También he tenido casos en los que una excesiva electricidad estática o un ruido ocultan las voces en la cinta. Creo que esto indica que suceden muchas más cosas de las que pensamos durante una regresión a vidas pasadas. Allí aparece la presencia de energías invisibles que emanan de la gente que está en juego y que de hecho pueden afectar a la maquinaria, en especial un aparato tan sensible como una grabadora.

Cuando la mujer salió del trance, estaba totalmente absorta en su (supuesto) recuerdo de la vida con Jesús. Creyó que esto era una prueba y descartó su otra vida de sacerdote. Se sintió casi afligida cuando le dije que la grabación de esa porción se había estropeado. Además de la cinta atascada, los engranajes se habían bloqueado y no fue posible siquiera rebobinar la cinta. Me rogó que de una u otra manera la reparara, ya que «tenía» que tenerla. Era lo más importante en su vida. Era otro indicio de que el recuerdo no era real, porque una regresión válida no trae consigo este tipo de reacción. El sujeto normalmente niega que la experiencia sea real, diciendo que probablemente lo leyeron en alguna parte o lo vieron en una película o en la televisión. El rechazo es la reacción primaria, y es normal que digan: «Ah, es probable que me haya inventado todo eso». Creo que ésta es la táctica de la mente consciente para manejar algo tan ajeno y extraño a su modo de pensar. Y las vidas pasadas resultan ciertamente extrañas para el modo de pensar del ser humano occidental corriente. De este modo experimenté el intento Inocente del sujeto de fantasear sobre una vida que de algún modo cumpliría su deseo de haber vivido con estos importantes personajes históricos. También fue para mí una prueba más de que estos casos no pueden fingirse.

De modo que no esperaba encontrar ya a otros sujetos que hubiesen vivido en tiempos de Cristo, y de ser así, la experiencia anterior me convertiría en sospechosa en grado sumo. Pero estas cuestiones parecen estar en las manos de otros y no en las nuestras, que somos simples mortales. Los casos que me vi llevada a explorar parecen proceder de fuentes superiores que ciertamente están más allá de mi control. Durante los años 1986 y 1987, cuando me hallaba profundamente implicada en el material de Nostradamus (mencionado en mi trilogía *Conversaciones con Nostradamus*), hice que dos sujetos regresaran espontáneamente a ese período, y mi Interés se vio de nuevo atraído. Con frecuencia me pregunto qué puede significar esto, pero desde entonces he aprendido a no cuestionar las razones, pues por lo visto me guían inexplicablemente a los casos de los que debo informar.

Este libro es la historia de los encuentros por separado de dos mujeres con Jesús en una vida pasada. Sus recuerdos añaden valiosos fragmentos a la historia olvidada y distorsionada que ha llegado hasta nosotros a través del tiempo. Nos ayuda a entender mejor y apreciar a este Jesús, que sobre todo fue un hombre y un ser humano con emociones y sentimientos auténticos pero muy complejos. Ciertamente fue un maestro y mentor que comprendió los misterios del universo e intentó revelarlos a los mortales de su tiempo. Como él dijo: «Estas cosas haréis y aún más». Pero también era humano, y ésta es la parte de la historia que se ha pasado por alto. En este libro, al igual que en *Jesús y los Esenios*, tenemos esa rara oportunidad de verle como le vio la gente de su propio tiempo. Se hace de él una descripción como un ser profundamente personal y verdadero. Quizá al final el verdadero Jesús pueda ser visto y valorado como el maravilloso ser humano que era.

Entra en el mundo de lo desconocido. El mundo de la hipnosis regresiva.

Galilea en tiempos de Jesús

# 2 - Encuentro con Jesús

Existe una serie de razones para solicitar una sesión de regresión a una vida pasada. Mucha gente tiene un problema determinado que intenta resolver, bien sea físico o emocional. Las relaciones kármicas con miembros de la familia, o con otra gente importante en su vida, a menudo producen problemas que requieren ayuda. Esta gente, con frecuencia, ha agotado los recursos convencionales, tanto médicos como psiquiátricos, y recurren a la terapia de vidas pasadas como una posible solución. Además, siempre existen los que piden la hipnosis de regresión a vidas pasadas simplemente por curiosidad, sólo para ver si de verdad vivieron una vida anterior.

Cuando Mary llamó para una cita, no estaba claro a qué categoría pertenecía. Era una mujer muy atractiva que se acercaba a los cuarenta. Estaba divorciada e intentaba criar sola a sus dos hijos. Con este propósito había iniciado su propio negocio, un pequeño invernadero y jardinería paisajista. Su agenda estaba repleta y tuvimos que hacer un hueco a nuestras sesiones entre sus demás compromisos. Llegaba en su pequeña furgoneta cargada de plantas. Después de la sesión, continuaba con las entregas de su negocio. Definitivamente no se trataba de un ama de casa aburrida en busca de un desahogo emocionante. Mary era una madre abnegada, empeñada en el éxito de su negocio, para poder proporcionar a sus dos chicos la mejor vida hogareña posible.

Admitía que buscaba la respuesta a un problema, pero no quería hablar de él. Dijo sencillamente que en caso de que lo encontráramos, lo reconocería. Esto quería decir que, como terapeuta, yo tenía que buscar a tientas en la oscuridad, sin saber lo que buscábamos. Esto puede remediarse dando rienda suelta al subconsciente, y dejándole encontrar lo que el sujeto está buscando. De modo que cuando tuvimos la primera cita, induje a Mary al trance. Luego la dejé viajar a través del tiempo hasta donde ella quisiera ir; no la dirigí para que buscase la causa de un problema.

Fácilmente podía predecir lo que ocurriría, porque estos casos siguen a menudo un patrón. Los resultados son generalmente los mismos. Mary volvió a una vida que era rutinaria y aburrida, en la que no ocurrió nada importante. Decía que le respondía a algunas preguntas y se relacionaba con cosas en su vida, pero no tenía conexión con el problema principal. La semana siguiente los resultados fueron los mismos, una vida pasada normal que sólo le concernía a Mary.

El progreso llegó durante la tercera sesión. Mary era un sujeto excelente y la había condicionado para entrar en un trance más profundo con la sola mención de una palabra clave. Estas palabras clave pueden ser cualquier cosa, y su uso elimina prolongadas inducciones. Después de haberse instalado y relajado en la cama, usé su palabra clave e hice la cuenta atrás. Una vez que entró en estado de trance profundo, le pedí a su subconsciente que nos proporcionara información cuyo conocimiento fuese importante para ella. Le pedí que la llevara a una vida pasada que tuviera importancia y relación con su vida presente. A estas alturas ella se sentía suficientemente a salvo conmigo y creí que su subconsciente obedecería.

Realizo tantas sesiones que uso varias grabadoras. A menudo simplemente se gastan de tanto usarlas. Las cintas de estas sesiones con Mary se grabaron en un tiempo en el que mi grabadora no funcionaba del todo bien. Había realizado ya varias sesiones antes de darme cuenta de que había problemas. Unas veces se saltaba, y otras, los engranajes dejaban de girar. En estos puntos se perdían palabras. Mientras hacía la transcripción de estas sesiones intentaba recapturar cualquier cosa que faltara, lo mejor que podía recordar. Así que durante estas sesiones con frecuencia estaba preocupada controlando la grabadora y al sujeto.

Estaba empleando un método en el que el sujeto flota en una hermosa nube blanca. Pedí a la nube que la depositara en un tiempo clave en el que hubiese información importante que ella debiese conocer.

Yo iba contando a medida que la nube la transportaba y la bajaba con mucha suavidad. Sus primeras impresiones eran que estaba en un bosquecillo de árboles verdes. Observó que tenían una corteza lisa, ligeramente moteada de gris, que le resultaba desconocida. Luego notó la presencia de un pequeño grupo de cuatro personas entre los árboles. Podía verlas a distancia, y resultó que vestían de manera similar, llevaban ropa de lino blanco, ceñida a la cintura con algo semejante a un cordón de algodón. Una mujer llevaba un pañuelo que le cubría la cabeza. Cuando Mary se vio a sí misma, descubrió que iba vestida de igual manera, con una prenda de lino blanco tejido en casa, y que calzaba sandalias. Supo que era una joven adolescente con largos cabellos castaños. Dijo que su nombre era Abigail; había llegado andando hasta este lugar desde una aldea cercana. Le pregunté si quería acercarse un poco más a esas personas.

—Sí —contestó—. Me gustaría saber para qué se han reunido. ¿Esperan a que yo llegue? Debo de ser la tímida otra vez, igual que en la vida que estoy viviendo ahora. Incluso ahora titubeo a la hora de unirme a grupos. Sí, creo que me esperan a mí.

Dolores: ¿Los conoces?
*Mary: Sí. He estado antes con ellos. Pero yo soy la más joven.*
*No sé tanto como ellos.*

14

D: ¿Son vecinos, amigos o qué?

*M: Creo que son maestros. No he pasado mucho tiempo con ellos. Me siento un poco indigna de sus enseñanzas y atenciones. Me resulta difícil aceptar que quieran que yo sea su alumna, por mi edad y por su gran sabiduría. Dan la impresión de ser muy sabios, y yo parezco muy joven.*

D: Creo que es bueno que quieras aprender.

*M: Sí. (Risa.) Ése es mi carácter. Ellos han notado mi entusiasmo. Creen que soy una alumna digna, aunque yo no lo creo. (Risa.)*

D: ¿Te cuesta entender lo que te enseñan?

*M: No es difícil entenderlo. Me siento afortunada de poder conocer esta información. Son enseñanzas espirituales recogidas a lo largo de muchos años, y deben ser transmitidas.*

D: ¿Cómo encuentran a sus alumnos?

*M: Creo que mis padres me ofrecieron hace tiempo. Ahora me siento aquí como si los demás fueran maestros y yo la única alumna.*

D: Sería difícil tener tantos maestros.

*M: Es un apoyo moral. Es como entrar en una nueva familia. Son muy cálidos y acogedores. Parece que me quieren mucho.*

D: ¿Sabes en qué país estamos? ¿Has oído que alguien lo dijese?

*M: (Larga pausa.) Me viene a la mente la palabra «Palestina».*

D: ¿Hace calor ahí?

*M: Hay brisa. Es caliente en el sol, pero fresca bajo los árboles. Es un lugar muy agradable para aprender. Me gustan mis estudios con ellos. Es una experiencia muy grata.*

D: ¿Tienes que leer o escribir?

*M: No. Me enseñan de palabra. Yo escucho y aprendo, y guardo el conocimiento en mi mente, en mi corazón.*

*Creo que voy a ser maestra. Y por eso quiero aprender ahora, a esta edad; después podré enseñar a medida que me llene de sabiduría.*

D: ¿Qué clase de enseñanzas te dan?

*M: Misterios. Eso que la mayoría de la gente no conoce.*

D: Bien, de todos modos mucha gente no los creería, ¿verdad?

*M: No, porque les preocupa. No sienten el deseo ardiente. Por eso me ofrecieron mis padres. Ellos reconocieron en mí ese ardiente deseo.*

D: ¿Has dicho que no hace mucho que eres su alumna?

*M: Cierto. Ésta es quizá mi tercera reunión con ellos. Nos estamos conociendo, y aprendiendo personalidades. Da la sensación de que son algo más especial que maestros. Es casi como entrar en una familia de tías y tíos. Como si hubiesen estado esperándome, y ahora estoy aquí. Me han dicho que lo que compartirán conmigo se llama «misterios», y que yo estaré muy estrechamente vinculada a ellos.*

D: ¿Sabes dónde aprendieron ellos este conocimiento?

*M: Ellos tuvieron sus maestros. Parece que se remonta a mucho tiempo atrás. Son como verdades.*

Estos maestros sonaban como los Esenios, el mismo grupo misterioso que enseñó a Jesús, aunque nunca quedó definitivamente comprobado. Ciertamente resultaron ser miembros de un reservado grupo gnóstico que poseía conocimiento al que el público en general no tenía acceso.

Quise determinar la época, saber si era antes o después del tiempo de Cristo, ya que los esenios permanecieron activos durante un largo período. Un método que funcionó en Jesús y los Esenios fue preguntar sobre el Mesías.

D: ¿Ha llegado ya el Mesías a tu país? ¿Has oído hablar de él?

*M: (Pausa.) ¿El Mesías?*

D: ¿Has oído alguna vez esa palabra?

M: *¿El Mesías? Parece como algo que sucederá algún día. No sé nada de eso.*

D: ¿Hay judíos donde tú vives? ¿Gente que estudia la religión judía?

M: *(Larga pausa.) No parece que sea el caso.*

D: Porque creo que es parte de sus creencias que un Mesías vendrá algún día. Por eso quería saber si habías oído esas historias.

M: *No parece que... El conocimiento no parece estar ahí.*

D: Bien. Sólo trataba de establecer en qué tiempo estábamos. Y el tiempo es a veces muy difícil de entender. ¿Sabes si hay un gobernador en tu país?

En Jesús y los Esenios el tiempo se calculó por el número de años que un gobernador llevaba en el poder. Pero esto no sirvió en este caso.

M: *No, no lo sé. Me educaron en una pequeña comunidad. Es como si casi toda mi vida hubiese estado esperando este momento. Las influencias externas no han formado parte de mi conocimiento. Al parecer, he vivido una vida muy resguardada, muy protegida. Tenemos una comunidad, una pequeña aldea. Conozco a la gente de la aldea, pero nada del gran mundo. Como si me hubiesen mantenido intacta, para que cuando llegara el tiempo de las enseñanzas fuese una especie de material virgen.*

D: Para que el mundo exterior no tuviera ninguna influencia en ti...

M: *Creo que es una afirmación verdadera.*

D: Ya entiendo. ¿Has recibido antes otras enseñanzas?

M: *De mis padres. Son unas personas muy amables. Mi vida en la aldea ha sido muy pacífica. Tuve una infancia maravillosa. Mi madre hace una especie de pan parecido a un bizcocho suave que me gusta mucho. Lo hace sobre una plancha. Creo que es mi favorito. (Deja bruscamente de evocar.) Pero ya no soy una niña. Yes el momento de iniciar una nueva etapa de mi vida, y dejar a un lado esos recuerdos gratos.*

D: Pero al menos tienes buenos recuerdos. ¿Tienes hermanos o hermanas?

*M: (Pausa, luego sorprendida.) ¡Oh! Creo que tengo una hermana pequeña. Ella y yo nos queremos mucho.*

D: Estaba pensando, ¿no estás ya en edad de contraer matrimonio?

*M: Bueno, creo que es algo a lo que no he sido llamada. Soy muy feliz ahora como alumna. Lo he estado esperando y anhelando. Cada una de estas personas tendrá un papel diferente en mi enseñanza, en mi aprendizaje. Todos participarán en mi educación. Parece que... (Pausa.)*

D: ¿Qué?

*M: Parece que habrá una preparación completa para el servicio público, quizás en un templo.*

D: Entonces tendrás muchas cosas que aprender, ¿verdad?

*M: Sí. Gran, gran comprensión. Base espiritual. Verdad.*

D: ¿Podrás transmitirme lo que te están enseñando?

*M: Bueno, no lo sé en estos momentos, porque no sé de qué enseñanzas se trata. No dudaré en compartirlo, una vez que se convierta en algo que yo conozca.*

Era evidente que la enseñanza continuaría durante algún tiempo, así que decidí acelerar la historia. Suelo hacer esto pidiendo al sujeto que avance en esa vida hasta un día importante. Puesto que muchas vidas suelen ser monótonas y llenas de rutina cotidiana corriente y simple (como lo son nuestras vidas actuales), este método es el más efectivo para localizar un punto focal importante, si es que existe. Ha habido vidas en las que el sujeto no encontró nada que tuviese importancia, lo que de nuevo excluye la fantasía. Cuando terminé la cuenta adelante en el tiempo en el caso de Mary (o sea, Abigail), sus sensaciones corporales y faciales indicaban que algo estaba ocurriendo. Le pregunté qué sucedía. No hubo respuesta, pero a juzgar por sus claras reacciones físicas, y sus profundos suspiros, supe que era algo inquietante.

D: ¿Qué estás sintiendo?
M: *Parece que soy... mayor. Mis maestros ya no están conmigo.*
D: ¿Estudiaste con ellos mucho tiempo?
M: *Sí Catorce años.*
D: ¿Dónde estás?
M: *(Pausa.) Parece que estoy... en un templo. Hay... algo que no... que no va bien.*
D: ¿Qué ocurre?
M: *(Larga pausa.) Creo que no me permiten enseñar. Es como si mi mente estuviese llena, y hay una banda alrededor de mi cabeza que me oprime. No me dejan compartir. Es... mi gente. Es como si me hubiesen... apartado.*
D: Pero tú tienes muchos conocimientos, ¿por qué no te dejan enseñar? Tienes muchas cosas importantes que transmitir.
M: *No les gusta que tenga el conocimiento.*
D: ¿A quiénes?
M: *A los ancianos. A los hombres. Soy una mujer. Dicen que las mujeres no somos dignas de recibir ninguna enseñanza. Que no debo tener esta clase de conocimiento. No quieren que enseñe. (Con dolor.) ¡Mi cabeza!*

Cuando el sujeto está experimentando sensaciones físicas reales, siempre las elimino. Se le puede dar una referencia objetiva, en lugar de que reviva de hecho cualquier dolor o molestia. Esto mantiene cómodo al sujeto y le hace ver que siempre cuido de él. También le ayuda a relatar la historia sin la distracción de sensaciones físicas. A Mary le hice sugerencias de bienestar. Luego intenté ganar de nuevo su confianza, para que pudiera decirme a mí lo que no les podía expresar a otros.

D: Puedes hablar conmigo aunque no puedas hablar con los demás. ¿Verdad que ya has estado enseñando otras veces?

M: *A niños. Enseñaba... a los niños que me traían. Compartía con ellos. Los padres los traían. Nos sentábamos en la escalinata del Templo. Y aprendíamos jugando, contando histonas y danzando. Y llevaba la luz a sus mentes.*

D: Ah, creo que es una manera maravillosa de enseñar, porque a un niño a veces le resulta difícil comprender. Me encantaría que pudieras compartir algunas de esas cosas conmigo, como si yo fuese un niño. Debe de haber cosas que yo no sé, y estoy deseosa de aprender. ¿Cómo les enseñabas?

M: *Teníamos un pájaro. Un pequeño pájaro blanco...parecido a una paloma. Muy hermosa... (Tuvo una repentina revelación.) Una tórtola. La tórtola era una... era mi amiga especial. La tórtola y yo éramos íntimas. Y usaba la tórtola de ejemplo para los niños. La llevaba en una jaula, y luego les enseñaba a los niños que la puerta de la jaula estaba abierta. La tórtola podía salir, darse una vuelta por los alrededores y ver caras nuevas, y tener un espacio más grande para moverse. Y también desplegar las alas y volar. Les mostraba que todos los niños tienen esta oportunidad, esta suerte, esta entrada que se abre hacia una comprensión más amplia. Y que si venían a mí y pasaban conmigo algún tiempo, empezarían a entender que el mundo es mucho más grande que sus pequeñas jaulas. Y que sus espíritus pueden expandirse en el espacio. No hay nada que les impida volar. Que ellos también pueden volar y apoyarse en las alas del espíritu. Ascender cada vez más alto. Y volver, volver a la gente que está en este lugar terrenal. Y pueden decirles: «¡Venid, ved lo que he encontrado! ¡Venid, volad conmigo!». Y después llevara alguien con ellos.*

D: Eso es muy hermoso.

M: *La tórtola es maravillosa, un maravilloso amigo del espíritu.*

D: Eso me gusta porque yo también puedo entenderlo.

M: *Oh, sí. Allí hay muchas más cosas de las que te puedes imaginar. Son tan preciosos los niños...*

D: *¿Qué más les enseñabas?*

Pasó de recordar el acontecimiento a experimentarlo, como si se trasladase a esa escena.

M: *Hay algo rojo que está sobre el escalón.* (Parecía estar examinándolo.) *Parecen dos trozos de madera. Cilíndricos. Están ahí... esperando a ser usados.*

D: ¿Para qué sirven?

M: (Una revelación.) *Oh, se usan para el ritmo. Se usan para la percusión.* (Sonriendo ampliamente.) *Se usan para marcar el tiempo mientras los niños danzan. Veamos.* (Pausa, como si observara.)

D: ¿Qué ocurre?

M: (Risa.) *Oh, danzamos subiendo y bajando los escalones. Son amplios y espaciosos. Altos y muy largos. Es simplemente un lugar maravilloso.* (Sorprendida.) *No es distinto del bosquecillo. ¡Ohhh! Igual que las columnas y el alero...* (Risa contagiosa.) *La sombra, el fresco, y la luz del sol justo al otro lado. Los niños se sienten felices de venir aquí. Tienen mucho espacio. Y pasan conmigo su tiempo. Es un tiempo muy especial para todos nosotros. Aprendemos a través de la danza, a medida que vamos de un lado a otro y damos vueltas.*

D: ¿Qué clase de lección podría enseñarse con la danza?

*M: La importancia de expresar físicamente sus emociones internas. De dejar que lo que hay dentro de ellos se manifieste en la acción. Ahora aprendemos ritmos sencillos, patrones sencillos, pasos sencillos que liberan y alegran, y nos acompañamos con ritmo y música. También usamos una pandereta. Podrán aprender, en esta tierna edad, aquellas maneras de expresar lo que se les pedirá que usen cuando sean mayores y ellos mismos enseñen. Deben estar en contacto con la expresión. Se los estimula a no guardarlo todo en su interior, sino a darle voz, a darle acción. A ver un modelo y saber que existe una meta. Todo está contenido en los sencillos comienzos de esta pequeña danza. Es un patrón que aprenden ahora, y les facilitará llevarlo a su vida de adultos cuando no les sea fácil expresar espontáneamente algunos ejemplos, algunas acciones. Podrán recordar cómo en su juventud había espontaneidad Recordarán el gozo que producía en ellos esa libertad, esa felicidad. Hay tanto gozo en la palabra de Dios. Tanto gozo en Su espíritu. Porque Su espíritu se mueve y se manifiesta en la acción; es una experiencia muy alegre.*

D: Así parece. Creo que eres una buena maestra.

*M: Oh, gracias.*

D: Tienes muy buenos métodos.

*M: (Feliz.) Muchas gracias.*


Daba la impresión de que no estaba acostumbrada a recibir cumplidos por su trabajo.


D: ¿En qué ciudad estamos? ¿Dónde está este templo?

*M: En Jerusalén.*

D: ¿Existe un nombre para el tipo de enseñanzas que tú das? Me estoy refiriendo a una organización o un grupo al que quizá pertenezcas...

*M: Parece que... estoy sola.*

D: ¿Qué quieres decir?

*M: No estoy asociada. Parece ser que estoy... vinculada al Templo. Allí es donde duermo. Mis necesidades están cubiertas por medio de mi servicio en el Templo.*

D: Parece que se trata de un gran templo.

*M: Sí, es muy grande. Abierto, columnas elevadas, altares.*

D: ¿A qué religión está dedicado el templo?

*M: (Pausa.) Creo que a la judía.*

Éste era un indicio más claro de que estaba vinculada con otro grupo. ¿Eran los esenios?

D: Hablabas de la palabra de Dios, así que me preguntaba a qué Dios adoras.

*M: Bueno, mi comprensión es diferente de la comprensión de los hombres. Mientras estoy con los niños me siento bien. Debo guardar silencio sobre mis conocimientos.*

D: No veo nada malo en ellos.

*M: Los sacerdotes... (Dudaba; era difícil de explicar.) Es muy desagradable para mí. Su conducta, sus enseñanzas. Son tan cerrados. Son tan oscuros. No pertenecen a la luz. Tampoco están en la verdad. Alejan a la gente de la proximidad de nuestra experiencia con Dios. Él no está en algún sitio muy lejano al que es muy difícil llegar. Él no está enfadado con nosotros. No nos pide que matemos hermosos animales en sacrificio. Él está con nosotros, en cada respiración. Es parte de nosotros. Vive dentro de nosotros. Nosotros somos Dios en forma física. Lo somos. No se trata de algo lejano, imposible de alcanzar. No somos una chusma indigna. Todos somos santos, a cada uno se nos dan estas creencias, y tenemos esa esencia de santidad. Lo que ocurre es que está tan escondida que no puede brillar.* (Todo esto fue dicho con suavidad pero con mucho énfasis.) *Es frustrante, sentir que tengo muchos conocimientos y no poder enseñar.*

D: Quizá por eso he venido. Puedes enseñarme a mí y eso te ayudará a no sentirte tan limitada. Pero ¿los sacerdotes enseñan a la gente otras creencias?

*M: Suenan muy elevadas. Muy por encima de la gente común. Como si la gente ordinaria no pudiera llegar a Dios directamente sin los sacerdotes. Es su cargo, pero mantiene alejada a la gente del conocimiento de que Dios está en ellos.*

D: ¿Eres la única mujer maestra?

*M: Soy la única. Tengo una especie de servicio. Enseñara los niños parece un modo aceptable de quitarme de en medio, un lugar apropiado para una mujer.*

Cuando posteriormente hice mi investigación, descubrí que en tiempos de Jesús no se exigía la asistencia a ninguna escuela. Los niños judíos recibían educación, pero las únicas escuelas estaban relacionadas con las sinagogas, y los únicos libros de texto eran las Escrituras Hebreas. Para los judíos, conocimiento significaba «conocimiento de la ley de Moisés», o de la Torá. No se enseñaba nada más, y *educación* significaba simplemente «educación en religión». Cualquiera que comprendiera a fondo «la Ley» y tuviera la facilidad de explicarla, si es que se dedicaba a la enseñanza, era considerado como «un hombre culto»: un rabino. La observancia de la letra estricta de la Ley se consideraba como una característica propia de los hombres cultos de la época.

Descubrimos en *Jesús y los Esenios* que había una fuerte actitud masculina chovinista (tal como la conocemos hoy en día) en la Palestina de ese tiempo. Las mujeres tenían su papel sumamente definido, y cualquier desviación era rechazada. No recibían educación, y tenían su propia sección en un templo, para no mezclarse con los hombres durante las ceremonias. El caso de Abigail no está en contradicción con estas leyes, porque ella indicó que no era judía. Tuvo que ser educada por otro grupo no vinculado a estas normas. Los esenios carecían de tales restricciones y enseñaban a todos de acuerdo con su propio deseo y capacidad para aprender.

Debe de haber irritado mucho a los sacerdotes descubrir que Abigail no sólo había recibido educación, sino que también había recibido una amplia capacitación en aspectos que ellos desconocían. Esto no podían tolerarlo. No estaba permitido.

Nunca quedó claro por qué Abigail fue asignada a un lugar donde no era bien recibida. Aparentemente los hombres no la querían ahí, pero no podían quitarla. Su única solución fue asignarle un cometido en el que no representaba su conocimiento superior y su diferente manera de pensar ninguna amenaza para ellos. La colocaron en un papel femenino, al cuidado de los niños, donde creían que no podía causarles ningún daño. Estaban equivocados. Ella pronto inventó una forma de enseñar, un método para transmitir discretamente a los niños el conocimiento disfrazado de juego. Pero el verdadero conocimiento no podía ser impartido, y de ahí sus dolores de cabeza. Como ella dijo, era como si tuviese una apretada banda oprimiéndole la cabeza, y sentía como si su mente fuera a estallar por la presión de la información que quería ser liberada.

D: ¿Estudiaste también las enseñanzas judías tradicionales?
M: *No parecen estar en mi mente.*
D: ¿Has oído alguna vez la historia del Mesías?
M: *(Pausa.) No sé nada del Mesías, pero creo que hay un hombre que enseña. A él tampoco le gustan los sacerdotes. (Suspiro.) Creo que es un hombre con un conocimiento parecido al mío. (Pausa.) El reino de Dios está dentro. Los templos no están para separar a Dios del hombre. Los templos deben ser un lugar de unión. El*

*hombre debe ser capaz de entrar en el espacio sagrado, e invitar a Dios directamente a su corazón. No mediante sacrificios, no mediante intercesiones, sino dejándole que permanezca en ese terreno sagrado y estando en contacto con Dios.*

D: Estoy de acuerdo contigo. Pero a ese otro hombre, ¿le has visto alguna vez o le has oído hablar?

M: *Creo que ha estado en una parte de la escalinata del Templo distinta a donde yo suelo enseñar. Es como un rectángulo. Yo suelo enseñar a los niños en el lateral largo del edificio. Él se ha quedado en la parte más estrecha, según te acercas al Templo.*

D: ¿Le has escuchado cuando hablaba a la gente?

M: *Creo que hablaba a la multitud cuando yo estaba con los niños en el otro lado de la escalinata.*

De nuevo dio un salto de un tiempo pasado al presente, indicio de que iba a revivir el incidente de ese tiempo y hablar

M: *Habla con mucha autoridad. Siento curiosidad por saber quién es.*

D: ¿Has oído a alguien decir quién es?

M: *Eso es muy extraño. Hay un hombre que nos hace señas de que nos acerquemos. Los niños y yo. Dice: «¡Venid! Tenéis que escucharle. Este hombre es el Hijo de Dios».*

D: ¿También está en la escalinata?

M: *Corre hacia el final, donde se concentra la multitud.*

D: ¿Vas a ir con él?

M: *Estoy indecisa si ira escuchar... No puedo dejar solos a los niños. Ellos... No creo que... No quiero que vengan conmigo esta vez. No sé qué pasaría si los llevo conmigo. Tengo mucho cuidado con los niños.*

D: Creo que eres muy sensata, porque no quieres poner a los niños en peligro. ¿Te quedas con ellos en lugar de ir a ver quién es ese hombre?

M: *Estoy dividida. A mitad de camino entre ir o quedarme.*

D: Supongo que sientes curiosidad también.

M: *Sí Quiero saber quién es el que habla con semejante autoridad.*

D: ¿Le oyes hablar?

M: *Puedo oír su voz. Habla con plena autoridad.* (Risa.) *¡Ah! Tengo que volver con los niños. Ellos son mi responsabilidad.*

D: Pero al menos puedes oírle desde donde estás.

M: *Está lejos. Puedo oír que habla, pero no distingo las palabras. I Puedo percibir el tono de su voz. Habla con mucha claridad.*

D: Quizá algún día descubras quién es, y puedas escucharle y verle de cerca.

Trataba de hacer que la sesión terminara. Antes de empezar el trabajo de este día Mary había dicho que quería salir del trance a determinada hora porque tenía una cita. Si Abigail no iba a acercarse a escuchar a este hombre, probablemente no podríamos saber mucho más en esta ocasión. No supe si el hombre era Jesús, pero los indicios apuntaban en esa dirección. Quería continuar con esto y descubrirlo. No quería implicarme ahora por que deseaba dedicar más tiempo a este acontecimiento, y tanto el tiempo como la cinta se estaban acabando. Decidí continuar en la siguiente sesión.

M: *Tengo la sensación de que nos conoceremos. Hay un entendimiento común que nos llevará a encontrarnos. Puedo esperar.*

D: Sí, es verdad, normalmente la gente que piensa de forma parecida, se encuentra. Pero me preguntaba sobre las creencias judías en torno al Mesías que algún día vendrá. ¿Es verdad que están buscando al Mesías? ¿Lo sabes?

*M: Es que... eso no está en ml mente. Lo que hay en mi mente es luz, es puro. No aceptaré que haya ira, temor, condenación. No llevaré eso en mi mente.*

Había cerrado la puerta deliberadamente o quizá nunca había estado expuesta a la teología tradicional judía. Aparentemente había estado muy protegida. Al comienzo de la sesión, dijo que era una especie de material virgen cuando sus maestros empezaron las clases. Quizá esto fuera intencionado para que no estuviese influida por las escuelas tradicionales de pensamiento.

D: Entonces no aceptas ninguna de las enseñanzas de los hombres.

*M: Parece que tengo una especie de escudo en torno a mí que... No lo acepto en mi mente.*

D: Puedo ver por qué lo borras: porque los hombres son muy negativos, a pesar de ser sacerdotes de Dios.

*M: Ostentosos, si me perdonas. Este hombre está rodeado de luz. Por eso sé que algún día le conoceré.*

D: ¿Puedes verle?

*M: Sí, puedo ver que está rodeado de luz.*

D: ¿Has dado la vuelta al edificio?

*M: No. Puedo ver a través de las columnas. Está en un lugar distinto, pero puedo verlo. Sí, pertenece a la luz.*

D: ¿Normalmente ves luces alrededor de la gente?

*M: En los niños, a veces, pero no como esta luz. Esta es una luz blanca que le envuelve por completo.*

D: ¡Oh, debe de ser muy hermosa!

*M: Bueno, hace que se destaque de los demás. (Risa.)*

D: (Risa.) ¿Puedes ver cuál es su aspecto, o está demasiado lejos?

*M: Está en un ángulo lateral respecto a donde me encuentro. Parece vestido de blanco con una especie de ceñidor*

*marrón en la... parece como si llevara un trozo de paño*
*que le cae por los hombros, por delante y por la espalda,*
*y que luego está unido a su cuerpo por la cintura.*
D: ¿Puedes ver sus rasgos?
*M: No. Está lejos. Somos del mismo espíritu. Es casi como si*
*hubiese una... conexión, incluso a esta distancia.* (De
pronto deja escapar un grito sofocado.)
D: ¿Qué pasa? (De nuevo toma aire.) ¿Qué ocurre?
*M: ¡Ooooh! Sí. Él ha sentido la conexión.*
D: ¿Qué?
*M: ¡Se acerca! ¡Se acerca! Está subiendo las escaleras.*
*¡Viene a ver a los niños! (Su voz se notaba realmente*
*impresionada.)*

¡Y a mí se me estaba acabando la cinta! No podía poner
otra en la máquina por las restricciones que Mary había puesto
a las sesiones. Qué poca coordinación, que ocurra algo así
justo en este momento. Frustrada, supe que tendría que
encontrar la manera de cerrar la sesión sin alterarla, para
poder volver a ella la siguiente ocasión y poder analizarlo con
más detalle.

*M: La multitud le sigue. Y él percibe la luz alrededor de los*
*niños, comprende. Tenemos la misma mente.*
D: Bien, esto es muy hermoso, pero me temo que tenemos que
dejarlo. Me encantaría escucharlo, pero el tiempo se
acaba. No puedo quedarme contigo hoy. ¿Podrás volver
al mismo punto si lo dejamos ahora?
*M: Oh, me encantaría saber más sobre este hombre.*
D: Entonces la próxima vez que vengas seguiremos con esto.
Es muy hermoso y de verdad te agradezco que lo
compartas conmigo. Ahora salgamos de esa escena.

Aún producía sonidos de asombro y deleite. Me

molestaba mucho tener que hacer esto, pero no teníamos alternativa. Ella tenía obligaciones que atender en el «mundo real».

D: Llévate ese hermoso sentimiento. Alejémonos de esa escena, ya volveremos en otro momento. Lleva contigo su belleza y la calidez y el amor, a medida que te alejas de esa escena.

La expresión de su rostro y sus movimientos corporales manifestaban protesta. Realmente no quería salir de la escena, pero tenía que obedecer las instrucciones dadas por mí, su hipnoterapeuta. No podía seguir en trance, por mucho que ella quisiera. La escena se evaporaba, y ella se veía impulsada hacia adelante en el tiempo y de vuelta en la habitación.

D: Todo está bien. Volveremos allí, te lo prometo.

Orienté su personalidad al tiempo presente y luego hice que Mary volviera a una plena consciencia. Cuando despertó, aún estaba bajo el hechizo de aquella escena final. Empezó a llorar. Me disculpé por haberla sacado de allí. Lo comprendió porque era ella quien había marcado los límites de tiempo para la sesión; no obstante, seguía sintiéndose decepcionada. Rápidamente puse una nueva cinta y grabé parte de su conversación después de despertar:

D: Sólo quiero grabar un poco de lo que has dicho. ¿Dijiste que cuando os mirasteis a los ojos fue amor a primera vista?

M: *Hubo una profundidad de comprensión que era abrumadora. No podía creer que me dijeran que tenía que salir. Quiero decir que acababa de llegar allí. ¡Era tan fuerte!*

D: ¡Lo siento! (Risa.)

30

M: *Dolores, fue igual que las cosas que me han estado ocurriendo en esta vida y que no he sido capaz de entender. Me han apartado de cosas que significaban mucho. (Con resolución.) Pero volveremos.*

D: Lo haremos, y entonces podremos terminarla. Pero sé que aún no estabas lo suficientemente cerca, creo, para de verdad...

M: *Estaba casi tan cerca como para tocar su mano.*

D: ¿Podías ver su rostro?

M: *Sí. (Afligida.) Mis ojos estaban en sus ojos.*

D: ¿Cómo era su rostro?

M: *¡Oooh! Fuerte... y dulce... y amor. Eso era todo lo que había en su rostro... había amor. Sus ojos eran... sólo había amor. No era alto. Tan dulce... Tan suave... ¡Oooh, tenemos que volver!*

D: ¿De qué color eran sus cabellos?

M: *(Pausa.) Cuando le daba el reflejo del sol, había algo de rojizo en ellos.*

D: ¿Viste el color de sus ojos?

M: *No. Eran unos ojos muy profundos. Unos ojos que casi parecían no tener fondo. Miraban de frente... directo al interior. Fue, por así decirlo, como «perderse en los ojos de alguien Así fue. Los niños estaban muy excitados. Podían ver que algo estaba ocurriendo. Y no sabían a quién mirar. (Risa.)*

D: Nunca me había ocurrido tener que dejar una escena en el peor momento. Suelo planificarlo mejor, para evitar esta clase de confusión e insatisfacción.

No sabía mucho acerca de la vida privada de Mary. Sentada en el borde de la cama, me confió en ese momento que se había casado y divorciado tres veces. Dijo que a lo largo de su vida las cosas y la gente que amaba siempre le habían sido arrebatadas. Y así se sentía en esos momentos. Precisamente cuando lo vio a él (al parecer, un punto

31

culminante en su monótona y triste vida), yo la hice salir. Estaba muy impresionada por este hombre y quería saber más acerca de él. Basándome en sus descripciones y reacciones, no cabía duda de que el hombre que había visto era Jesús. Por eso me quedé muy sorprendida cuando dijo, con la mirada perdida en la lejanía, «me hubiera gustado saber quién era».

Estupefacta, le pregunté: «¿Quieres decir que no lo sabes?». Dijo que no tenía la menor idea, salvo que, definitivamente, era un hombre extraordinario y fuera de lo corriente. Le contesté que no creía conveniente que yo le contara mis suposiciones; dejaría que ella lo descubriera por sí misma en la siguiente sesión. Sus comentarios parecían excluir de forma concluyente cualquier deseo inconsciente por su parte de crear un viaje de fantasía que le permitiese conocer a Jesús. Ni siquiera le reconoció.

Recogió sus pertenencias, y con un fuerte suspiro entró en su furgoneta. Entonces volvió a su mundo cotidiano del negocio de entrega de plantas.

La escena que describió quedó grabada en mí e impregnó el aire que me rodeaba de una suave dulzura. Sí, volveríamos. Tenía que saber más acerca de ese hombre extraordinario que ella había hecho surgir a través del tiempo.

# 3 - La sanación

Fue muy molesto tanto para Mary como para mí, tener que poner fin bruscamente a la última sesión en un momento tan crucial. Cuando nos encontramos la semana siguiente tenía el firme propósito de volver al mismo día, si fuera posible. Si todo iba bien, podríamos continuar con la historia del encuentro de Abigail con aquel hombre extraordinario a quien reconocí como Jesús.

Antes de empezar la sesión, Mary quería hablarme sobre su recuerdo de la danza con los niños en la escalinata del Templo. Nos sentamos en el sofá y encendí la grabadora. Trabajando en estos casos nunca es sensato Intentar fiarse de la propia memoria o las notas, ya que se pierden demasiados detalles que más tarde podrían ser muy valiosos. Un insignificante comentario fortuito puede convertirse en un eslabón importante que dé consistencia a la historia. La grabadora es una herramienta indispensable, aunque a veces pasen semanas antes de poder transcribir las cintas.

La mirada distraída en los ojos de Mary fue la prueba de que estaba reviviendo visualmente la escena en su mente. Una vez más vio a los niños en la escalinata, riendo despreocupados.

*M: En mi memoria visual entró de la siguiente forma: los niños y yo, colocados enfila india, avanzábamos y girábamos sobre nosotros mismos formando un compacto círculo. Después, el guía nos hacía salir de ese círculo hacia el espacio abierto otra vez. Luego un pequeño giro y de vuelta al pequeño círculo compacto. Después, volvíamos a deshacerlo. (Todo esto era acompañado por movimientos de las manos.) El propósito era explicar simbólicamente a los niños que hay veces en nuestra vida en que necesitamos ir a nuestro interior y quedarnos en silencio, a solas. Y otras veces, un tiempo para ir al mundo, salir y abrirnos. El siguiente equilibrio consistiría en volver a nuestro interior, totalmente a solas, y después salir al mundo nuevamente. Este ejercicito se usaba como un ejemplo práctico para que conocieran el equilibrio entre la vida contemplativa y una vida activa. Yo me daba cuenta de su simbolismo. Lo vi más claro que el agua.*

D: Has dicho que también usabas unos palos y una pandereta.

M: *Sí, eran para la percusión; era una danza distinta. Ésa no me resultaba clara, pero sí veza a los niños en los escalones. Tiene que haber habido un escalón ancho que servía de descansillo entre los dos tramos de escaleras donde hacíamos esa danza. Las gradas del Templo no eran igual que unas escaleras. Eran como tramos de peldaños seguidos de una explanada amplia, y luego otro tramo de peldaños. Creo que hacíamos esa clase de danza en la explanada ancha.*

D: Al principio me sonó extraño que estuvieseis danzando en los escalones. Pero ya veo que esos escalones eran distintos.

M: *Eran muy anchos. Y así enseñaba yo a los niños. Y los hombres creían que esto era Inofensivo, porque pensaban que yo no podía influir en los niños. Estaba en mi lugar «adecuado». Pero había mucho de enseñanza religiosa. Te contaré otra cosa Interesante que me ocurrió este verano, algo que no me sucede con frecuencia. Estaba en un establecimiento muy grande de suministros para jardín, aquí, en la ciudad, que uso* *mucho en mi negocio. Habla ido a recoger plantas para instalar en un jardín comercial que estaba haciendo. Y de repente vi una pequeña pieza de cerámica que tenía forma de paloma, allí en el suelo. Por alguna razón no fui capaz de desviar mi atención de esa paloma. Finalmente la compré. Te decía que no me sucede con frecuencia porque costaba treinta y cuatro dólares, y eso es mucho dinero por una paloma de cerámica. (Risa.) Pero era como si esa paloma me hablara. Quiero decir, fue una reacción instantánea. Y la semana pasada durante la regresión, cuando aquella paloma salió de su jaula, casi dije «Paloma», \* porque ése fue el nombre que le puse a la pequeña pieza de cerámica.*

D: Es el nombre en lengua castellana. Pero esa paloma debe de haber estado domesticada, porque no voló.

M: *Así es. Ella y yo tentamos una conexión espiritual. Nos comunicábamos.*

D: Pensé que cuando la dejaste salir, se iría volando. Pero parece que se quedó ahí quieta.

M: *Voló. Hacía círculos. Manifestó toda la libertad del vuelo. Sabía exhibir su libertad en el cielo, y sabía volver, podía enseñar a otros a salir y a volar.*

D: Era ése su simbolismo...

M: *Realmente entendió que era una ayuda espiritual en mi enseñanza. Estábamos muy unidas.*

D: ¡Y ese incidente con la paloma de cerámica ocurrió meses antes de que empezáramos a trabajar! Quizá tu subconsciente estaba intentando prepararte para esto, como diciendo «es el momento» o algo así. Al ver la pequeña figura, estaba tratando de desencadenar un recuerdo.

M: *Bueno, es posible que fuera así. De hecho, cuando llegué a casa esa noche, después de la regresión, al pasar por*

---

\* En castellano en el original inglés. (N de la t.)

*donde estaba Paloma pensé: Ahora entiendo por qué me resulta tan querida.*

D: Fue una conexión importante con un recuerdo.

Cuando empezamos la regresión, ml tarea era hacer volver a Mary a la misma vida y, si salía bien, dar con la misma escena de nuevo. Usé su palabra clave y le hice la cuenta atrás hasta la vida de Abigail.

D: Contaré hasta tres, y retrocederemos a través del tiempo y el espacio. A la cuenta de tres, estaremos en el tiempo en el que Abigail vivía en Jerusalén. Uno... dos... tres... hemos retrocedido a través del tiempo y el espacio hasta la época en que Abigail estaba en Jerusalén. ¿Qué haces? ¿Qué ves?

Cuando terminé de contar, Mary empezó a presentar reacciones faciales.

D: ¿Qué es?

*M:* (Sonriendo.) *Los niños ¿Puedes ver a los niños? Estoy tan cerca de los niños... Los quiero mucho.*

D: ¿Qué hacen los niños?

*M:* (Risa.) *Se comportan como niños. Saltan. Suben y bajan los escalones. Sencillamente están contentos. Hablan con la tórtola.*

D: Ah, les gusta esa tórtola, ¿verdad?

*M: Sí. Tiene un espíritu muy especial.*

D: ¿Dónde estás?

*M: En los escalones del Templo.* (Con un tono cariñoso de voz:) *Los niños son muy especiales. A una de las pequeñas le gusta la pandereta. Le hemos puesto unas antas que cuelgan por un lado. Y le encanta danzar y*

36

*agitar la pandereta, moviendo las cintas. En este momento no pretendemos hacer una enseñanza estructurada. Sólo lo pasamos bien juntos.*

D: ¿No has dicho que los sacerdotes te dejan trabajar con los niños?

*M: Sí, sí. Lo que ignoran los sacerdotes es que estos niños son recipientes. Son depósitos del conocimiento y de la enseñanza que a mí se me ha dado. Y si los niños comprenden realmente lo que hacemos durante el tiempo que pasamos juntos, sigue siendo parte de ellos. Cuando su vida llegue a un punto en el que esa información les pueda ser de ayuda, podrán extraerla. Tendrán estableado ese patrón.*

D: Quizá no recuerden de dónde viene, pero estará ahí.

*M: Sí. Tenemos una gran influencia en la vida de los niños mientras crecen. Es casi como un condicionamiento para ellos en esta edad. Influimos sobre su manera de reaccionar al mundo cuando se vayan haciendo mayores. Si los preparas en los caminos del conocimiento y la sabiduría, podrán extraerlo de su memoria más tarde en sus Vidas.*

D: Y los sacerdotes piensan que de este modo eres inofensiva.

*M: Soy prudente. Hago algo que no representa peligro, y es un trabajo aceptable para una mujer. Permiten que los niños anden por el Templo, dejándolos al cuidado de una mujer que no es una figura amenazante para ellos. Sí, mi trabajo es... Oh, es sólo una migaja que me han arrojado, pero ignoran la clase de oportunidad que me dieron.*

D: Probablemente es un tema en el que ellos no querían molestarse.

*M: Sí. Y además saben que las mujeres poseen cierta habilidad con los niños de la que ellos carecen. Están tan llenos de su propia importancia y posición que no pueden evitar intimidar a los niños. Casi infunden miedo en el corazón de los niños por su complicada indumentaria, turbantes y túnicas, y toda la parafernalia*

37

*inherente a esa función, a ese papel. En cambio, los niños y yo jugamos con nuestra ropa de todos los días. Podemos sentarnos al sol, y cambiarnos a la sombra si hace mucho calor. Y tenemos instrumentos de juego corrientes con los que nos gusta trabajar, porque nuestra vida es una vida normal. Muy poca gente llega apuestos de extraordinaria importancia o tiene a su alcance complejos sistemas de apoyo. Todos tenemos un estilo común de vida cotidiana. Y si aceptamos las herramientas comunes de nuestras vidas y sabemos que pueden aportar una comprensión mucho más amplia, podremos llevar algo a cabo en la vida de la gente normal.*

D: Tenemos más influencia de la que creemos.

*M: Sí, es verdad. Creo que no valoramos lo suficiente hasta qué punto podemos influir en los niños que nos rodean.*

D: Opino que los sacerdotes cometen un error. Podrías ser de gran ayuda también a los adultos, pero no se dan cuenta.

*M: (Suave.) El conocimiento. No sé adónde irá el conocimiento.*

D: Bueno, tú ya cumples con tu parte ayudando a estos niños.

*M: Sí, esta sencilla preparación. Pero el conocimiento pleno que tengo es... No lo sé, tal vez se me envíe alguien al que pueda transmitírselo. Mi cabeza está repleta. Mi cabeza... Hago lo que puedo.*

D: Siempre me tienes a mí. Estoy impaciente por aprender, y agradezco lo que haces.

*M: Gracias.*

D: Pero si los sacerdotes no te quieren en ese lugar, ¿por qué estás ahí? Podrían perseguirte y hacer que te fueras. ¿O no?

*M: Mi entendimiento me dice que estoy atada. De eso se encargó la gente con la que hice mi aprendizaje. Éste era el objetivo, el resultado de mi enseñanza y preparación. Una vez terminada, debía ir al Templo, considerado un lugar excelente para enseñar y compartir el conocimiento. Ignoraban que ocurrirá esto. No debía ser de este modo, pero ahora no hay nada que hacer. Los sacerdotes saben que tengo conocimiento místico, pero creen que no debe ser compartido con la gente común. Tampoco les gusta que tenga un puesto de influencia como maestra. De hecho es como si ellos hubiesen embotellado lo que se me dio. Sólo me dejan una pequeña salida, y es la de los niños. Pero los niños son una pequeña parte de aquello para lo que fui preparada. No me permiten hacer aquello para lo que me capacitaron. Por eso mi mente... mi cabeza está tan apretada, tan llena.*

D: Me parece que los sacerdotes probablemente te temen. Quieren que todo se haga a su modo.

*M: Sí, porque aunque estos hombres hayan decidido ser jefes espirituales, se ciñen a la letra de la Ley en los Libros. No necesitan el conocimiento, ni lo que penetra en el corazón como regalo de Dios; sólo aceptan lo que puede leerse en una página escrita. Y el conocimiento que se me transmitió y que yo debo compartir con los demás es de carácter esotérico. Ellos no lo necesitan. Están un poco asustados, aunque en realidad lo que ocurre es que no lo entienden como un complemento de la Ley. (Se refería a la Torá, o el libro de las normas judías de conducta.) Lo consideran como un aspecto frívolo, casi sin forma, de la espiritualidad. Y creo que piensan que está contenido deforma característica en la mente de la mujer, porque se trata de sentimiento, intuición y saber espiritual, más que de la mente, de la razón. ¡Ah, sus leyes!*

D: ¿A qué clase de leyes te refieres?

*M: Tienen una ley para todo. Lo buscan en el libro en lugar de buscarlo en el corazón. Pierden el espíritu de la Ley, porque sólo ven la letra de la Ley.*

D: No creo que entendieran aunque intentaras explicárselo. No son el tipo de gente apropiada.

M: *Estoy de acuerdo.*

D: Pero espero que si seguimos encontrándonos, compartas algo de tu conocimiento esotérico conmigo. Estaría muy agradecida por aprender estas cosas. Liberarlo de ese modo puede ayudarte.

M: *En estos momentos... no parece aceptable.*

D: No he querido decir ahora mismo. Quise decir algún día.

M: *Tendrías que pasar por... una especie de iniciación o introducción, para que entiendas lo que estás pidiendo. Entonces decidirías si realmente quieres la responsabilidad de este conocimiento. Como he dicho, llevar este conocimiento sin poder liberarlo me produce dolor físico, en la cabeza. (Hizo un movimiento a lo largo de la frente.)*

D: En la frente. Bien, no quiero que te sientas incómoda.

M: *Estoy acostumbrada. Lo noto.*

D: (La sugestioné para aliviar cualquier sensación física real.) Mientras te hable, no te molestará. No quiero que estés incómoda en absoluto.

M: *Gracias.*

D: Tal vez mientras trabajamos juntas y estoy contigo, puedas darme la iniciación y lo comprobaríamos.

M: *Depende de ti. Es una responsabilidad que no debe tomarse a la ligera.*

D: Muy bien. Pero hoy me interesa lo que haces. ¿Juegas con los niños? ¿Hay otras personas cerca?

M: *Hay gente que va de un lado a otro. No parecen tener un propósito fijo o un objetivo determinado en su paseo. Probablemente están de visita, contemplando, aprendiendo. Quizá sea gente defuera de nuestra región, que vivan lejos de aquí. Así que ésta sería para ellos una oportunidad especial para venir a este lugar y ver el Templo por sí mismos. Levantan la vista y dicen: «¡Ah, mira!». (Señalando.)*

D: ¿Es bello el Templo?

*M: Sí, es muy grande. Espacios elevados, grandes. Es... no sé si emplear la palabra sobrecogedor, pero las dimensiones son extraordinarias.*

D: Probablemente es eso lo que les asombra. Bien, ¿ocurre alguna otra cosa cerca del Templo en este día?

Trataba de volver al encuentro con el hombre que suponía era Jesús, y continuar esa historia. No sabía si era o no el mismo día.

*M:* (Suavemente.) *¡Ese hombre!*
D: ¿Qué hombre?
*M: Ese hombre de luz.*

Aparentemente estaba viéndole de nuevo. Habíamos vuelto a la misma escena sin pedirlo. Pero ésa era nuestra intención, y el subconsciente de Mary lo sabía.

D: La última vez que hablé contigo lo estabas viendo a través de las columnas, mientras le hablaba a un grupo de gente con autoridad. ¿Es eso lo que ves?

Los rasgos de su cara eran los de aquella agradable experiencia.

*M: Sí Esa luz.*
D: ¿Cómo es la luz?
*M: Es blanca. Le rodea completamente. Emana de todo su cuerpo. Desde sus pies... todo, rodea todo su cuerpo... hasta su cabeza.* (Sorprendida.) *Es como si caminara en una cápsula de luz.*
D: ¡Ah, suena precioso!
*M: ¡Es extraordinario! Nunca había visto nada igual. Él es de la luz.*

41

D: ¿Qué crees que produce esa luz?

M: *Su espíritu. Es una manifestación externa de su luz interior. Sencillamente, no puede ser contenida en un cuerpo físico, por eso emana al exterior. Se manifiesta realmente clara, sólo para que yo la vea.*

D: ¿Te sorprende ver algo así?

M: *¡Oh no! No es extraño. Es sólo la naturaleza de la luz misma lo que es extraordinario. Es una luz muy blanca.*

D: Quieres decir que no es raro para ti ver luces alrededor de la gente.

M: *Sí, poseo este don o conocimiento.*

D: ¿Eran distintas las otras luces?

M: *Sí, ésta es muy distinta. Los niños, ¿sabes?, tienen suaves halos alrededor. Tonos rosa, amarillos y verdes. Joyas brillantes, suaves como los niños. Este hombre es un diamante. Este hombre es una luz blanca clara y poderosa. Muy, muy poderosa.*

D: ¿Qué hace?

M: *Habla a la gente. Mueve los brazos al hablar. Y lo hace con mucha autoridad. No se siente muy satisfecho con el comportamiento de algunas personas.*

D: ¿Puedes oírle?

M: *No, pero lo sé por el tono de su voz. Sus palabras no me resultan claras. Está orientado en otra dirección, y suenan lejos de mi oído. Pero el tono de su voz dice mucho.*

D: ¿Como si estuviese contrariado por algo?

M: *Bueno, no es una reprimenda. Parece más una... explicación. Una explicación muy firme. Si son capaces de ver la verdad, entonces podrán acercarse a su luz.*

D: Es difícil que la gente lo haga.

M: *Los que están de pie cerca de él parecen ser de energía densa y oscura. Es casi como...* (Inspira hondo y descansa luego.) *¡Es casi como si hablara con trozos de carbón!* (Risa.) *Parecen realmente oscuros y densos. En cambio él tiene mucha luz. Está intentando que salgan de su* *densidad, que reciban algo de su luz. Emplea un lenguaje tajante para atraer su atención, y ayudarlos a comprender la importancia de lo que está diciendo. No es duro. Es, como dicen, suave pero firme.*

D: A veces hay que ser así.

*M: Sí. Este hombre es muy afable. Creo que ama a todos esos trozos de carbón.* (Risa.) *Y pide tanto...* (Inspira hondo de nuevo.) *¡Oooh! Quiere convertirlos en diamantes. Por eso está aquí la analogía. Esos trozos de carbón pueden convertirse en diamantes como él.* (Estaba muy contenta por su descubrimiento.)

D: Eso representaría mucho trabajo, ¿verdad?

*M: Sí; son muy densos. Muy oscuros. Es una tarea considerable.*

D: ¿Querrías ir a escucharle?

*M: Puedo esperar. Mientras los niños estén bajo mi cuidado mantendré sus pequeños espíritus gozosos y a salvo, seguros, para que siempre sepan que están dentro de un capullo protector cuando están conmigo. Eso intensifica las enseñanzas. Los niños son más receptivos y las enseñanzas se cimentan en lo más profundo de su mente, si mantenemos ese capullo a nuestro alrededor, como una unidad, como un cuerpo, igual que son uno el maestro y los estudiantes.*

D: La última vez que hablaste de esto creí que tenías miedo de llevarlos junto a él, porque no sabías quién era, ni lo que decía, y podría asustar a los niños.

*M: Era aquel hombre que dijo: «Venid y escuchad». Yo me quedé con los niños. Nuestra relación es muy importante, y en eso no quiero que haya ninguna intrusión. Me siento como si estuviéramos en una esfera de luz de colores cuando estamos juntos. Sí, me quedaré aquí. Pero creo que este hombre no será una intrusión. Más bien su luz se expandirá abarcando nuestra luz.*

D: Creí que temías que los niños estuvieran de alguna forma

en peligro.

M: *No, se trata más bien de mantener nuestra propia esfera. Cuando te acercas a esos trozos negros de carbón es inevitable que afecten a tu propia aura, a tu propio brillo y luz.*

D: Sí, puedo entenderlo.

M: *Los niños están conmigo por un vínculo de confianza. No deseo llevarlos hacia esa otra energía. Tendrán mucho de eso en sus vidas. Nuestra relación es de confianza. La mantendré.*

D: Eso está bien. No es su cercanía lo que te preocupaba.

M: *No creo que tenga que temer a ese hombre.*

D: Voy a adelantarte un poquito en el tiempo. ¿Dijiste la última vez que él había percibido tu presencia y se había vuelto para mirarte?

M: *¡Sí! Es como si existiera una conexión entre nosotros. Un lazo que puede viajar a través de este espacio físico. Como si nos atrajésemos el uno al otro. Su enerva interna y la mía son semejantes, y somos Impulsados hacia esa energía de luz.*

D: Háblame de lo que ocurre.

M: *Él percibe mi presencia, porque es sensible a la energía.*

D: Debe de ser un tipo de energía distinto de la de aquellos a quienes habla.

M: *Sí, sí. (Risa sofocada.)*

D: ¿Qué hace ahora?

M: *Sigue hablándole a la otra gente.*

La expresión de su cara transmitía alguna emoción.

D: ¿Qué pasa?

M: *(Suavemente.) Sí, él... vendrá.*

D: ¿Qué quieres decir?

M: *(Sonidos de alegría.) Vendrá. En respuesta a nuestra luz.*

D: ¿Crees que puede ver la luz que te rodea?

44

*M: (Segura.) ¡Oh, sí! Puede verla. Claro que puede. No creo que haya nada que no pueda ver.*

D: Debe de ser una persona extraordinaria.

*M: Lo es. ¡Ha venido hacia nosotros! Como ya he dicho, su luz se ha expandido para abarcar nuestra luz. Ahora somos parte de su luz.*

D: ¿Qué hace?

*M: (Con asombro.) Los niños están radiantes. Los niños están radiantes. Ellos... Sí, la energía está viva... ¡Oooh! Todo mi cuerpo se estremece. ¡Oooh! Los niños... oh, los niños. Se comportan como niños. Le tiran de la manga y del borde de la túnica, y le piden que se arrodille: es lo que hace ahora. Entiende a los niños. Sí, y los niños le responden. Este hombre parece el resultado perfecto del alimento que ellos han ido recibiendo cucharada a cucharada. Es como si dijeran: «¡Oooh! ¡Podemos llegar a ser como él! ¡Por eso aprendemos lo que aprendemos! ¡Mira! ¡Así es cuando se llega a mayor!».*

D: ¿Pueden ellos percibir esto?

*M: Ah, sí, él... nos ha absorbido en su luz. Es un maravilloso... un extraordinario... (Su voz estaba tan llena de gozo que le era difícil terminar las frases.)*

D: ¿... sentimiento?

*M: Sí. Es como si estuviésemos fuera del tiempo y del espacio. Estamos todos en su esfera de luz blanca. (Suspiro hondo.) Bien, ahora quiere saber qué han aprendido los niños.*

D: ¡Ah!, ¿les habla?

*M: Sí, les pregunta: «é Cuáles tu juego favorito?». «é Qué canción te gusta más?». «¿Puedes enseñarme?». Pero los niños están demasiado emocionados para entender y... (Risa alegre.)*

D: ¿Le siguió la multitud?

*M: Hay gente, sí, allá abajo. Es como si los niños se hubiesen transformado en multitud también. Ahora ya no percibo a la multitud como trozos negros y densos, sino más bien como una formación de colores, muchos colores y texturas y formas. No los veo con claridad, pero hay allí una multitud. No estamos en el mismo plano en el que están ellos.*

D: ¿Quieres decir que ocurrió algo cuando se acercó a ti?

*M: Sí. Nos hemos... estamos suspendidos en... (Risa ahogada.) Estamos en nuestro propio mundo. (Risa feliz.) Es muy agradable.*

D: ¿Habla contigo también, o sólo con los niños?

*M: Es como si comprendiera... quien soy. No son necesarias las palabras. Es como si fuera un ejemplo para los niños. Su presencia, el tiempo que les dedica en este momento permanecerá con ellos durante toda su vida. Ese es su principal objetivo al acercarse, que los niños tengan esta experiencia de energía, de unión, de ser elevados hasta la luz blanca. Y de quedar suspendidos fuera del tiempo y del espacio. Los niños lo recordaran siempre... incluso en otras Vidas. Han tenido este contacto.*

D: ¿Habló con los niños, o crees que bastó con estar cerca de ellos?

*M: Se arrodilló delante de los niños. Está a la misma altura que ellos. Los rodea con los brazos. Los niños están entusiasmados y comunicativos. El parece poder entenderlos a todos al mismo tiempo. (Pausa.) Levanta los ojos y me mira. (Inspira hondo.) ¡Oooh! ¡Comprende tanto! ¡Oooh! (Casi la domina la emoción.)*

D: ¿Qué pasa?

*M: (Casi llorando, su voz sollozaba.) El comprende. Comprende el dolor que hay en mi cabeza. Comprende el conocimiento que no me dejan compartir. ¡Oooh! Me ama, por lo que soy capaz de hacer. Es como si eso bastara. Trabajar con los niños. Compartir lo que pueda con sus mentes jóvenes, en desarrollo. Con eso basta. Eso es suficiente. ¡Ese hombre! Creo que me ha quitado el dolor.*

D: ¿Te ha tocado?

*M: No. Pero ha desaparecido.*

Estaba tan inmersa en su Increíble experiencia que me sentí casi como una Intrusa.

D: ¿Te ha hablado, o te ha transmitido esto mentalmente?

*M: Había comprensión entre nuestras mentes. Él... lleva la misma carga. Tiene mucho conocimiento y comprensión. Y es como si tampoco a él le dejaran compartirlo. Fue quizá la conexión entre nosotros lo que le impulsó a venir hasta aquí. (Profundo suspiro.) Tenemos un camino semejante. Tenemos una mutua comprensión.*

D: ¿Dejó de hablarle a la multitud mientras ocurría todo esto?

*M: Sí. Ya les había dicho lo que tenía que compartir con ellos. Creo que acercarse a nosotros fue un acto muy íntimo por su parte, que no concernía a la multitud. Eran simples transeúntes. Estaban allí y fueron testigos, pero no participaron. Tampoco creo que entendieran lo que presenciaron. No me sorprendería que incluso fuésemos también invisibles. (Risas.) Estábamos muy, muy arriba.*

D: ¿Qué quieres decir con «muy arriba»?

*M: Oh, quiero decir... estábamos expandidos en la luz. Simplemente... brillábamos.*

D: Quizá los demás ni siquiera vieron nada fuera de lo normal. Y ahora, ¿qué hace?

*M: (Suavemente.) Siento una tranquilidad ahora de la que me es difícil salir.*

D: ¿Sigue él ahí?

*M: Creo que sigue aquí. Siento como si hubiese... abandonado mi cuerpo. Y necesito volver a él.*

D: Claro, por los niños. No puedes dejarlos allí.

*M: Oh, no corremos ningún peligro. Es sólo que... mientras no vuelva a mi cuerpo, no servirá de mucho lo que hacemos. (Profundo suspiro.)*

Hacía profundas respiraciones, en un aparente esfuerzo por reintegrarse a sí misma.

*M: Fue una sanación. Como si absorbiera en sí mismo lo que era tan doloroso para mí. Realmente me ha liberado, y sé que por eso me está costando tanto volver.*

D: Quizá ahora ya no te dolerá tanto la cabeza.

*M: (Suavemente.) Ha desaparecido. El dolor se ha ido. Creo que eso es lo que él hace. Sí, tiene ese poder. Si abrazase a uno de esos trozos de carbón, lo convertiría en diamante. (Suave risa.) Creo que tiene esa clase de comprensión y... de nivel. Está a un nivel que yo nunca conocí. Ni siquiera estoy segura de que exista este nivel. Sigue aun con nosotros. Aún estamos en la esfera de luz blanca, pero nos hemos quedado suspendidos. Estamos fuera del tiempo. Los niños están fuera del tiempo con nosotros.*

D: Imagino que es una sensación muy extraña, aunque no desagradable. (Quería asegurarme de que se sentía a gusto.)

*M: ¡Oh, no! ¿Quién querría salir de esto? No, éste es un nivel muy elevado.*

D: Me pregunto por qué los demás no lo sienten cuando él les habla.

*M: Creo que no han abierto su cuerpo y mente para recibir esto. Me siento como si nos hubiese hecho un regalo en reconocimiento de nuestro logro. Nos ha ayudado a avanzar en nuestro camino, simplemente acercándose y estando con nosotros. Llevándonos a su luz y a su vibración. Es como si nos hubiese hecho un regalo. Todos seremos... distintos cuando esto se acabe.*

D: ¿Entonces no fue necesario que te tocara o te hablara?

*M: No. Lo que hizo fue confirmar a los niños en su nivel, para que entendieran lo importantes que son. Cada uno de ellos, individualmente, es un alma muy valiosa, con sus propios dones y tareas especiales. Y al arrodillarse junto a ellos, al tocarlos y dejar que le tocaran, tuvieron una completa validación de sus espíritus individuales. Y cuando se levantó y se hizo uno conmigo, los niños fueron testigos de la trascendencia. Esto les permitió trascender y conocer sus espíritus fuera de sus cuerpos. Ahora tienen esta verdad de la realidad del espíritu que mora en el interior. (Todo esto fue dicho con suavidad y con mucho asombro.)*

D: Y que ya nadie podrá quitarles. Quizá fue más fácil para los niños porque estaban más abiertos.

*M: Sí, son aún espíritus nuevos en estos cuerpos Jóvenes. Aún no se han densificado (Risa sofocada.)*

D: Ésa es la palabra justa.

*M: Aún son luz. Bueno, estoy segura que esto no durará siempre. Estamos... volviendo a nuestro estado ordinario.*

D: Que es muy distinto...

*M: Sí. Y él tiene que irse. Nos bendice... mientras baja los escalones. Dice que esta oportunidad no la tiene a menudo. Y que fue una recompensa especial para él igual que para nosotros. Como si fuéramos especiales... hemos sido para él un regalo tanto como lo fue él para nosotros.*

D: Eso está muy bien. Desempeñaste un papel importante; tú también le ayudaste a él.

*M: Sí. (Se dirigió a los niños.) Bien, niños. Una gran experiencia, ¿verdad?*

D: ¿Que dicen ellos?

Prescindiendo de mí, se dirigió a los niños y empezó a reflexionar sobre la experiencia.

*M: Podemos llegar a eso. Como él es, podemos ser nosotros. Tenemos nuestros pequeños conocimientos que nos preparan para los conocimientos mayores. Y en el momento en que seamos capaces de llegar a tanta gente como queramos en esta vida, sabremos que nuestra alma ha hecho enormes progresos en ese preciso Instante. Hemos obtenido un regalo. Es como Si... ¡oh! La enormidad del regalo es abrumadora. ¡Oh!, es como si nos hubieran catapultado años y años y años por delante de nuestro lugar actual. Como si hubiese destruido el tiempo. Como si ahora estuviésemos muchas más vidas adelantados de lo que estábamos hace un momento. Ahora los niños se sienten muy dóciles conmigo. Se dan cuenta de que ahora somos distintos. (Profundo suspiro.) Es también el momento de reajustarnos a nuestro cuerpo y mente. Anochece. Los padres vienen a recoger a sus hilos.*

D: Me pregunto qué les dirán a sus padres, si es que les dicen algo.

M: *No lo sé. Los niños tienen diferentes grados de entendimiento con sus padres.*

D: Ésta parece ser una experiencia que se tiene una sola vez en la vida.

M: *Sí. También a mí me lo parece. Que esto ha sido... un enorme regalo.*

D: ¿Quién era ese hombre? ¿Lo sabes?

M: *Nunca dijo su nombre. Nunca se lo pregunté. Pero era de la luz. Era como un Hijo de Dios. Tenta una comprensión más elevada que la que cualquiera de nosotros haya alcanzado en la Tierra en este tiempo. Es como si él fuese la personificación de todos los misterios que me han enseñado, su realización plena. Él era como un producto acabado. Lo que él compartió con nosotros fue... él nos elevó a una dimensión diferente. Y al hacerlo nos dejó experimentar lo que somos capaces de hacer también. (Suspiro.) Y así...*

D: Has dicho que era como el Hijo de Dios. ¿No se supone

que somos todos hijos de Dios?

*M: Sí. Sólo que él estaba mucho más próximo en sus poderes. ¿Recuerdas los trozos de carbón que te mencioné antes? Les queda un largo camino por recorrer antes de convertirse en esa clase de luz. Los niños y yo no somos trozos de carbón, pero tampoco estamos en el nivel de luz en el que está él. Y todos estamos volviendo a nuestra luz, que emana de Dios. Este hombre, que camina por la Tierra y está a ese nivel, es...No sé... no logro entenderlo... es una persona muy especial.*

D: No creo que haya muchos como él por ahí, ¿verdad?

*M: No. Nunca había conocido a nadie como él. Él tiene una misión. Es como si, después de dejarnos, volviera al camino que había decidido recorrer solo. Y que ese desvío momentáneo con nosotros... fue sólo eso. No recorría el camino principal. Pero el que tomara este desvío fue ciertamente un regalo para todos nosotros. Fue como si los niños y yo... le hubiésemos alimentado lo mismo que él nos alimentó a nosotros. (De pronto vuelve a la realidad.) Así pues, ya se marcha el último de los niños. (Suspiro.) Es hora de que encienda las velas. Tendré mucho en qué pensar en mi lecho esta noche.*

D: Ya lo creo. te doy las gracias por haber compartido la experiencia conmigo. Cuando vuelva otra vez, ¿me contarás más cosas, y compartirás tus experiencias conmigo?

*M: No creo que haya más experiencias como ésta.*

D: Incluso si no son iguales. ¿Compartirás tu conocimiento conmigo?

*M: Sí, por supuesto. (Emocionada:) Compartiré mi vida contigo.*

D: Me sentiré muy honrada si lo haces.

*M: Ahora necesito estar sola.*

D: Lo entiendo. Creo que es importante que estés a solas para reflexionar sobre lo ocurrido. Gracias otra vez. Volveré en otro momento.

*M: Gracias.*
D: Muy bien. Salgamos de esa escena. Alejémonos de ella para que Abigail vaya a descansar y a reflexionar sobre lo que ha experimentado.

Entonces hice volver a Mary al estado de consciencia plena. Esta experiencia fue tan profunda que es imposible transmitir la extremada emoción que se manifestó en la cinta. Su voz era suave y acariciadora como el terciopelo cuando hablaba de la experiencia. Estaba totalmente asombrada y arrebatada por ella. Me sentí profundamente conmovida mientras la escuchaba e intentaba absorber por ósmosis esta maravilla. A veces me sentía como una intrusa haciendo preguntas. Cuando la hice salir del trance, aún estaba sumida en el hechizo de la experiencia. Parecía querer aferrarse a ella lo más posible, sabiendo bien que pronto se evaporaría. Aunque estaba despierta, se quedó muy callada en la cama repasando los detalles en su mente. Fue un acontecimiento global de increíble belleza y no quería que se le escapara. Rebobiné la cinta; lo que sigue fue parte de la conversación después del despertar:

*M: Puedo recordar que estaba en la celda en la que dormía, con los ojos completamente abiertos. No sé si era aún por la carga de energía de luz que me envolvía, o porque intentaba entender lo que había ocurrido. Pero esa noche no pude dormir.*

Empecé a hablar más alto y a moverme por la habitación, intentando romper el hechizo que ella había creado para sí.

D: Sí, fue una gran experiencia, ¿verdad?
*M: (Aún sin animarse a cortarla.) Estábamos... fue casi como si nos hubieran borrado de la Tierra. Como si nos*

*hubiera llevado a su esfera de luz. Estábamos fuera del tiempo y del espacio. Realmente creo que nos volvimos invisibles.*

D: Parece mentira que ninguno de los que observaban se diera cuenta de lo que estaba ocurriendo, pero probablemente no vieron nada extraño.

M: *Tal vez. Ignoro cómo funciona eso.*

D: Has dicho que toda esa gente era como trozos de carbón. De cualquier forma, es probable que no entendieran nada. Quizá sólo vieron a un hombre jugando con los niños.

M: *No lo sé. Quizá fue también una experiencia para ellos. Creo que él pudo demostrárselo a la multitud, aunque estábamos en nuestro propio ambiente. La multitud tuvo que ser capaz de distinguir el cambio en nuestros cuerpos físicos, porque hubo un cambio en nuestros cuerpos físicos. Nos expandimos. La luz expandió nuestros cuerpos. Tienen que haber podido... quizá fue una demostración, como si este hombre dijese: «Esto es posible. Mirada estos niños que son puros y nuevos y sin temor. Fijaos en lo que ellos pueden convertirse. Y fijaos en esta mujer, llena de confianza y de fe. Mirad cómo puede transformarse. Vosotros también podéis hacerlo». Creo que vieron algún tipo de cambio.*

D: Sí, es difícil decir cuánto habrán podido ver. Bueno, ha sido muy hermoso. Creo que ya es hora de volver a la Tierra de los vivos. Pero es maravilloso que puedas recordar la sensación. Podrás guardarlo como un regalo. La mayoría no recuerda cuando despierta.

M: *Bien, hubo una enorme liberación. Todo mi cuerpo se sintió aliviado. No sé adónde fue a parar el dolor, pero él lo eliminó. No sé cómo lo hizo. Pero, puesto que él comprendió las ataduras de mi mente, fue como si yo pudiese liberarlo. Porque alguien lo comprendió.*

D: ¿Crees que podrás aprovechar esta experiencia en tu vida actual?

53

*M: Sí, porque este recuerdo fue un regalo para mí. Y a medida que vaya recorriendo mi camino en esta vida, podré recurrir a él. ¿Recuerdas cuando dije que los niños, a medida que creciesen, consciente o inconscientemente, tendrían estas pautas en su vida? Es lo que se me ha dado aquí Permanezca o no en mi mente consciente, puede convertirse en parte de mi vida en estos momentos. Y a medida que lo necesite, podré hacer uso de ello.*

D: Eso está muy bien.

Normalmente el sujeto no retiene recuerdos vivos de la sesión cuando se halla en un trance suficientemente profundo para identificarse totalmente con la otra personalidad. Pero en este caso, me correspondía descubrir que el subconsciente tenía un propósito válido al permitirle que recordara. La memoria no sólo no perjudicaría su vida actual, sino que produciría cambios importantes que la mejorarían considerablemente.

Mary pensó que no había necesidad de más sesiones. Había recibido lo suficiente para reflexionar durante vanos meses. Como se avecinaba el invierno en nuestras montañas de Arkansas, ambas volvimos a nuestra rutina diaria.

Había transcurrido poco más de un mes, cuando volvimos a vernos en una fiesta. Mary se acercó a mí y me abrazó, y me dijo que yo había transformado totalmente su vida. Dijo que la experiencia de regresión había tenido un efecto profundo en ella. La había abierto a un mundo totalmente nuevo. Cuando nos sentamos en un rincón apartado, me confió que había estado casada y divorciada tres veces. Siempre parecía estar buscando algo que no podía encontrar. Sus maridos no eran malas personas, sólo seres humanos; Sin embargo, siempre había encontrado en ellos algún fallo. Ahora se daba cuenta de que en su vida pasada había experimentado un amor profundo y puro por este hombre, y desde entonces había intentado revivirlo en su recuerdo. Pero de manera inconsciente lo buscaba en hombres mortales y así nunca lo encontraría, porque ese amor tan profundo y generoso no era de este mundo. Ningún hombre terrenal podría estar a esa altura. Había intentado encontrar esta increíble emoción en sus tres ex maridos, y como eran humanos, no la encontraba. Desilusionada, seguía buscando, en vez de conformarse con el amor mortal, más pequeño, de un hombre humano. No había comprendido conscientemente esta búsqueda, esta necesidad de perfección y de un amor perfecto.

Mary dijo que desde la regresión toda su vida había cambiado de rumbo. Todo un mundo nuevo se le había abierto, y era maravilloso. Por primera vez en su vida se había permitido enamorarse de un hombre de manera normal, y era una experiencia completamente nueva. Ahora sabía que podía llevar una relación y permitir que el hombre fuese humano, con fallos incluidos. Sentía como si se hubiese liberado de una pesada carga. Sus expectativas, demasiado elevadas, de lo que debía ser el amor humano habían sido reubicadas. Comprendió que ese increíble amor era real y que ella lo había sentido. Pero también comprendió que no lo encontraría de nuevo mientras viviera, porque no era de este mundo.

Deseaba explorar otra vez la vida de Abigail, pero esto ya no sería posible. Mary estaba muy ocupada con un negocio lleno de éxito y un Interés por un amor recién encontrado en su vida. Cuando la veía de vez en cuando, parecía feliz y en paz con su vida, pero ya no sentía la necesidad de la regresión. Creía que había encontrado la solución a su problema más inmediato; ésa es la parte más importante de mi trabajo. Mi deseo es ayudar a que la gente se adapte para que pueda viur su vida presente de la manera más efectiva, sin problemas, filtraciones o interferencias de patrones de otras vidas.

Nunca pude averiguar lo que ocurrió con Abigail. Al parecer estaba consagrada al servicio del Templo y tenía que permanecer allí. Pero quiero pensar que su vida se volvió más llevadera después de su encuentro con Jesús. Dijo que él había aliviado el dolor en su mente, y le enseñó que su trabajo con los niños era importante y suficiente, aunque nunca transmitiera el gran conocimiento que le había sido dado. Quizá inventó sistemas cada vez más ingeniosos para impartir estas enseñanzas a los niños, i sin que los sacerdotes se percataran de ello. Ciertamente cuando los niños crecieran no olvidarían su bondad. Quizá volvieran para recibir mayores enseñanzas. Quizá ella encontrara un alumno especial. Fuera lo que fuese lo ocurrido con ella en aquella vida, siento que la vida de Abigail fue bendecida por este encuentro. Y a la vez mi vida también lo fue al permitirme revivirlo con ella. Yo también pude sentir el increíble amor a través de sus palabras. Abigail impartió más conocimiento de lo que nunca se dará cuenta, haciendo llegar esta información hasta nuestros días. Gracias, Abigail, eres una maestra consagrada, cariñosa y maravillosa.

# 4 - El Templo y la antigua Jerusalén

El material contenido en este libro fue obtenido en 1986 y 1987 a través de regresión hipnótica a las vidas pasadas de los pacientes. Permaneció intacto en mis archivos hasta que mi editor sugirió en 1993 que escribiera la continuación de *Jesús y los Esenios*. Supe entonces que había llegado el momento de investigar para confirmar o negar las referencias e implicaciones históricas contrastándolas con la bibliografía. Ésta es una parte necesaria y, en mi caso, agradable de mi trabajo.

El regresionista prudente que trabaja en este campo no hace ningún tipo de investigación hasta no haber terminado las ses10nes. Se ha sugerido que si el hipnotizador o el sujeto tienen algún conocimiento del período histórico o del material, posiblemente podrían transmitirse Inconscientemente por medio de un fenómeno extrasensorial (que considero un fenómeno importante en sí mismo, si pudiese ser demostrado). En ocasiones tengo sujetos que presentan indicios de ser conscientes de cosas que suceden en la habitación, que normalmente no podrían ver ni oír. A menudo responden a una pregunta antes de haberla planteado, como si la estuvieran recogiendo de mi mente. Sé que no estoy proporcionando inconscientemente las respuestas, y que ellos no cambian la narración para acomodarse a lo que yo estoy imaginando, porque suelo imaginarme lo que va a ocurrir, y con frecuencia me equivoco. Parecen estar narrando los acontecimientos desde su exclusivo punto de vista, y no puedo hacer nada para influir en esto. He realizado pruebas muchas veces para demostrar, para mi propia satisfacción, que no está teniendo lugar una influencia impropia. Pero si no existe, ni en mí ni en el sujeto, un conocimiento previo del material, del período histórico, o de la zona geográfica, entonces las respuestas deben provenir de algún otro sitio aparte de nuestro propio subconsciente. Por estos motivos se aconseja a los regresionistas que no investiguen hasta que se haya terminado el caso.

En las últimas fases de preparación de este manuscrito, decidí que era el momento de explorar en los viejos y polvorientos volúmenes de la biblioteca de la universidad donde realizo mis investigaciones. Si no puedo encontrar lo que quiero, tienen un sistema muy eficaz de préstamo interbibliotecario que localiza cualquier libro en Estados Unidos. El ordenador encuentra el libro, normalmente en otras bibliotecas universitarias, y me lo envían. Ésta es la parte de mi trabajo que más atractiva me resulta. Me encanta buscar en viejos libros, leer durante horas para encontrar un detalle significativo. Es como encontrar un diamante en un montón de arena, y la búsqueda proporciona una tremenda satisfacción.

Parte de la información que encontré puede pertenecer al acervo común de cualquier judío interesado en la historia de su patria, pero que yo, una americana protestante, ciertamente desconocía. La incluiré aquí con el fin de completar el cuadro de la zona tal como existió en tiempos de Cristo. El ambiente adecuado es importante en cualquier narración.

Millones de turistas viajan a Tierra Santa cada año esperando visitar los mismos lugares en los que Jesús vivió, enseñó y murió. Descubrí que esto es imposible porque estos lugares ya no existen. Incluso los que esperan caminar por la misma tierra que Jesús pisó no podrán hacerlo, porque el terreno mismo ha cambiado mucho.

Hoy Jerusalén es una ciudad sagrada para tres de las religiones más Importantes del mundo: la judía, la cristiana y la musulmana. Para las dos primeras es considerada como la Ciudad Santa, y para la tercera, la segunda en importancia después de la Meca y Medina. Es probable que por esta razón, más que ninguna otra, Jerusalén haya continuado existiendo. Y por esta razón, nunca podrá morir mientras la humanidad siga teniendo una creencia religiosa.

Para este libro me concentré en los detalles sobre el antiguo Templo de Jerusalén, y sobre la propia Jerusalén. Quería ver si se podía verificar la descripción del Templo hecha por Abigail. Lo que descubrí me dejó asombrada. Se sabe que muchas ciudades antiguas han desaparecido y que cualquier rastro ha sido sepultado por las arenas del tiempo. Con frecuencia se encuentran tras una diligente investigación y son descubiertas palmo a palmo por la pala del arqueólogo. Sin embargo, siempre he dado por sentado que si una ciudad ha permanecido en el mismo lugar durante miles de años, esos vestigios de la antigua civilización se conservarían. He visto ruinas en Inglaterra que se remontaban a muchos siglos atrás. Roma aún tiene ruinas del Coliseo y otras antiguas estructuras. Así pues, creía que lo mismo podría decirse de Jerusalén. Ha sido el centro de tanta atención religiosa a través de los tiempos, que suponía que algunos de estos antiguos emplazamientos se preservarían.

Encontré que esto no es verdad. Sorprendentemente descubrí que del tiempo de Jesús no ha sobrevivido absolutamente nada. No existen lugares amurallados y y reservados para la posteridad, porque en el tiempo en que tienen lugar los acontecimientos no hay ningún indicio de la importancia e influencia que tendrán en el mundo siglos más tarde. Puede resultar chocante descubrir que la mayoría de los lugares que se muestran a los devotos peregrinos, no tienen, de hecho, ningún fundamento. Las iglesias cristianas en Israel fueron construidas sobre los supuestos lugares del nacimiento y de la muerte de Cristo, etc., y se supone que son los lugares exactos, pero no son necesariamente auténticos. La gran mayoría de lugares sagrados que se muestran en Jerusalén se han ido seleccionando gradualmente en el curso de muchos siglos para beneficio de los peregrinos cristianos, y algunos de los emplazamientos se han movido, o agrupado, para mayor conveniencia.

A lo largo de 3000 años, la zona de Jerusalén fue conquistada y ocupada por muchas civilizaciones y culturas distintas. La ciudad ha pasado por una serie constante de alteraciones, demoliciones y reconstrucciones. Los materiales empleados en una época fueron usados una y otra vez, a veces esparciéndolos en el proceso a otros lugares distintos. Construcciones que pudieron haber servido para un fin, han sido alteradas y reconstruidas, dejando apenas evidencia de algún rastro de su uso original. La zona de la Tierra Santa y los sagrados lugares ha cambiado tanto que pocos emplazamientos pueden identificarse con certeza. Ni siquiera se ha podido saber a ciencia cierta el lugar exacto de la antigua ciudad bíblica de Belén. Sin lugar a duda, fue una ciudad mucho más pequeña que la actual. Ahora dicen los eruditos que, aunque la población se incrementaba durante el censo, probablemente no había más de quince bebés varones nacidos allí durante ese tiempo decisivo. Esto le facilitaba a Herodes controlarlos, y el sentir general es que probablemente no se produjo la masiva matanza de inocentes descrita en las películas.

La actual ciudad de Jerusalén está ampliamente expandida hacia el noroeste de la antigua ciudad. Sin embargo es posible recuperar una descripción más o menos exacta de la ciudad en tiempos de Jesús. Desde el Monte de los Olivos se puede ver la Ciudad Santa directamente al otro lado del Valle del Cedrón. En tiempos de Cristo, Jerusalén estaba asentada en lo alto de una colina, y el Monte del Templo lo rodeaban imponentes muros por tres de sus lados. Parecía una poderosa fortaleza asentada en un lugar inaccesible, y ciertamente ha resistido la prueba del tiempo contra incontables ataques enemigos. Abruptos acantilados descendían por los lados este, oeste y sur hasta los empinados valles (Valle del Cedrón y Valle Hinnom), sirviendo de muros naturales de defensa. En tiempos de Cristo, la ciudad estaba separada por un barranco, el Valle Tiropeón, que la dividía en dos partes claramente definidas. Este profundo valle lo cruzaba un ancho viaducto de piedra o carretera elevada, apoyada por Inmensos arcos.

Jerusalén ha sido destruida y reconstruida tantas veces que una ciudad se halla encima de otra. En algunos lugares las modernas calles están casi treinta metros por encima del nivel de la antigua ciudad, sepultada bajo escombros que se han acumulado sobre gran parte de la antigua ciudad. El Valle Tiropeón actualmente está relleno y aparece como una depresión poco profunda llamada el-Wad. Así que, incluso la topografía del terreno en torno a la Ciudad Santa ha cambiado considerablemente desde el tiempo de Cristo. Originalmente, la zona la constituían diversas colinas y valles bien determinados, que fueron transformados en una meseta casi plana. Los valles situados alrededor de Jerusalén han sido rellenados con el material acumulado en largos períodos.

En la colina más ancha y elevada en el lado oeste del Valle Tiropeón estaba situada la Ciudad Alta, que el antiguo historiador Josefo llamaba el Mercado Alto. Puede suponerse que esta parte de la ciudad era originalmente un centro comercial. La colina oriental más baja, que descendía desde la zona del Templo, se llamaba Acra y era donde estaba enclavada la Ciudad Baja. La zona misma del Templo era la «tercera colina». Al norte del Templo se hallaba la «cuarta colina», por donde se extendía la creciente ciudad. Esta última, y la parte más nueva, se llamaba, según Josefo, Bezetha (que probablemente significa «Casa de Olivos») y también la Ciudad Nueva. Esta zona aún no estaba amurallada en tiempos de Cristo. En ese entonces, Jerusalén era realmente una ciudad situada sobre colinas (en la actualidad ya no), y las casas se construían en las empinadas laderas. Las estrechas calles con frecuencia tomaban forma de escalones y se hacían por lo tanto intransitables para carretas y hombres a caballo.

A los judíos les gustaba considerar a Jerusalén como el centro del mundo, y de hecho podía llamarse el eje del antiguo mundo. Las muy variadas nacionalidades de Palestina, y la gran afluencia de extranjeros a Jerusalén, resultaba para la vista una variopinta colección de tipos humanos, y para el oído una gran diversidad de lenguas en sus calles. Griego, hebreo y arameo eran las principales lenguas. Muchas de las nacionalidades tenían su propio barrio en Jerusalén, y especialmente sus propias sinagogas y templos.

Algunas de las impresionantes murallas que originalmente rodeaban el Monte del Templo bordeaban escarpados precipicios que descendían casi noventa metros hasta el fondo del valle. Las excavaciones parecen confirmar la declaración de Josefo de que en los días del rey Salomón, el inmenso muro oeste estaba orientado de tal manera que podía verse la totalidad de su altura, y medía veinticinco metros desde el lecho de roca hasta el nivel del pavimento del patio exterior, y por encima de éste se elevaba a gran altura el muro del claustro, por encima del patio. Esta descripción fue considerada durante años una exageración de Josefo.

Otro puente de piedra de extraordinaria construcción se extendía antiguamente sobre el profundo barranco del Valle del Cedrón en el lado oriental del Templo, y unía esa sección con el Monte de los Olivos. Éste fue descrito como una carretera elevada construida sobre arcos que a su vez se apoyaban en otros arcos, arrancando los arcos superiores de los puntos más altos de los inferiores. En esos tiempos había enormes subestructuras, construidas para obtener una superficie plana entre las irregulares colinas naturales. En el extremo más alejado (el Monte de los Olivos) había antiguamente una tortuosa escalera que descendía hasta el valle y luego subía por una empinada pendiente hasta la entrada oriental de la zona del Templo. Había un espacioso paseo o terraza de unos quince metros de ancho frente al acceso, en tiempos antiguos, a la Puerta Dorada. Se dice que Jesús entró a Jerusalén por este lado desde el Monte de los Olivos el domingo de Ramos. Los jardines escalonados en terrazas embellecían las pendientes del fondo del Cedrón hacia arriba hasta la terraza superior, junto al muro del Templo.

Josefo nos cuenta que en tiempos de Jesús, Jerusalén estaba completamente socavada por galerías y pasajes subterráneos, usados no tanto para drenaje o enterramientos, sino con fines bélicos. Todo antiguo reducto contaba con pasadizos secretos para escapar en caso de peligro. Cuando los romanos invadieron y destruyeron Jerusalén en el año 70 d. de C., descubrieron que allí se habían refugiado tantos fugitivos en las cámaras subterráneas que era necesario cavar bajo tierra en busca del enemigo. Un centenar de batallas tuvieron lugar en las mismas entrañas de la tierra. Había tantos cadáveres en estos túneles que un pernicioso hedor subía por todas las bocas y aberturas, y el aire de la ciudad se hizo irrespirable. Para evitar el contagio de enfermedades, los romanos sellaron bocas y aberturas y tabicaron las entradas a los pasadizos secretos. Con el tiempo estas antiguas secciones fueron olvidadas y muchas se perdieron.

Ha habido varios templos ubicados en el Monte del Templo. En nuestro tiempo la Cúpula de la Roca, un lugar sagrado (mezquita) para los musulmanes, se encuentra en el enclave de los antiguos templos. El lugar es llamado ahora Haram esh-Sherif, que significa «enclave sagrado», y es en verdad sagrado para cristianos, judíos y musulmanes. Se han cumplido tres mil años desde que el rey David eligiera Jerusalén como el lugar más adecuado para la capital del reino de Israel. El rey Salomón (aprox. 973-933 a. de C.) construyó el primer templo en Jerusalén según los planos realizados por su padre David. El Templo de Salomón ocupaba el emplazamiento donde actualmente se encuentra la Cúpula de la Roca, aunque el moderno santuario abarca sin duda una zona mucho mayor que la estructura de Salomón. Se ha conjeturado sobre el hecho de que la Santa Roca, debajo de la adornada bóveda musulmana, es la cima natural de la colina y era el lugar del edificio mismo del Templo. Esta roca bien puede haber servido de altar natural desde tiempos ancestrales. El Templo y el Palacio de Salomón estaban rodeados por un muro y separados de la parte principal de la ciudad misma. Actualmente, de estas estructuras nada queda en pie, aunque se han descubierto grandes secciones bajo tierra. Sólo contamos con la reseña de antiguos historiadores para ayudarnos a imaginar la reconstrucción del lugar.

La historia de Jerusalén es larga y turbulenta: tomada por muchos países distintos, siglos de construcción fueron seguidos por una total destrucción, seguidos a su vez de nuevas reconstrucciones. Es necesaria una excavación más profunda para tener suficiente información sobre la validez de cualquier teoría existente, y formular una reconstrucción exacta del proyecto fundamental de los templos judíos. De hecho esos datos existen, pero hoy en día reposan enterrados bajo una vasta acumulación de basura, escombros de muchos siglos; descansan bajo calles y casas, así que no pueden ser excavados fácilmente. Posteriores reconstrucciones han producido una gran destrucción en las zonas de la antigua ciudad que hasta el momento han sido excavadas.

Los rabinos tienen una tradición: que la copia original de la Ley está enterrada dentro del enclave sagrado de el Haram (la zona que rodea la Cúpula de la Roca). Y es creencia común que el Arca de la Alianza, que repentinamente desapareció y nunca fue vista después de la destrucción del Templo de Salomón por el Rey de Babilonia, fue ocultada y sigue escondida en alguna cueva, bajo la Colina del Templo.

En alguna parte dentro de las murallas de la Ciudad Santa está el sepulcro real de los Reyes de Judá (como menciona la Biblia). En la real cripta reposan los restos de David, y cerca de él, en uno de los lados, estarían Salomón y los sucesivos príncipes de la Casa de David, enterrados en el mismo sepulcro. Los arqueólogos creen que cuando las Tumbas Reales se encuentren, será un complejo de cámaras y no una serie de cámaras individuales. Los historiadores afirman que el rey Herodes el Grande sabía dónde estaba la cámara mortuoria y que robó algunos de los tesoros enterrados con los reyes. Quería dirigir una búsqueda más diligente, pero a dos de sus guardias los mató una misteriosa llama que estalló en el sepulcro. Esto atemorizó a Herodes y abandonó las tumbas. Se dice que nunca más fueron profanadas, y su ubicación ha desaparecido.

Jerusalén fue tomada por el rey Nabucodonosor de Babilonia en el año 598 a. de C., y nuevamente tras una rebelión, en el 587 a. de C. En esta última ocasión en particular, la ciudad sufrió una terrible devastación. Los babilonios destruyeron completamente la ciudad de Jerusalén: el Templo y los muros fueron derribados, y los habitantes, exiliados. No se llevó a cabo ninguna reconstrucción importante hasta después del 538 a. de C., cuando a los exiliados judíos se les permitió volver desde Babilonia después de cincuenta años de cautiverio. En ese tiempo la ciudad de Jerusalén fue reconstruida lenta y dolorosamente. Nehemías autorizó la reconstrucción de los muros y el Templo en el mismo lugar que el Templo de Salomón, pero a una escala y calidad inferiores. Este templo se mantuvo en pie durante casi cinco siglos, pero parte de la mampostería se vio afectada por deterioro y dejadez. Los relatos sobre este Templo se encuentran en el Antiguo Testamento.

Los romanos entraron en escena muchos siglos después, cuando los hijos del gobernador asmoneo Hircano y Aristóbulo luchaban por el trono. Esto abrió una vía a la caída de la región en poder de los romanos. Posteriormente, Roma hizo a Herodes rey de Judea, un cargo que ocupó desde el año 40 hasta el 4 a. de C. Herodes el Grande era un constructor entusiasta; bajo su gobierno la ciudad de Jerusalén alcanzó la apariencia que tenía al principio de la era cristiana. Jerusalén se había vuelto una ciudad mucho más fuerte de lo que había sido desde el tiempo de David.

Herodes era muy impopular entre sus súbditos judíos. Al hacerse viejo, quiso procurarse el favor del pueblo. Era un hombre de considerable buen gusto en el arte de la construcción y sabiendo la profunda veneración que los judíos sentían por su santuario nacional, concibió la idea de rectificar algunos de los malos sentimientos y hacerse popular reconstruyendo el Templo. También proporcionó trabajo a un gran número de hombres, y redujo la amenaza de revolución. La oferta de reconstrucción del rey fue recibida al principio con dudas y suspicacia, pero Herodes cumplió su promesa. Sí, era el mismo rey Herodes que se había asegurado para siempre su mala reputación matando inocentes en su busca del niño Jesús.

Reparó los muros y construyó tres torres poderosas en el viejo muro de la ciudad. Junto a las tres torres estaba el palacio de Herodes. Cuando Judea fue más tarde gobernada por los procuradores romanos, este enorme edificio se convirtió en su residencia y sede de su gobierno mientras estuvieron en Jerusalén. En el extremo noroeste de la zona del Templo, construyó una elegante fortaleza para los soldados llamada Antonia (en honor de Marco Antonio), que estaba conectada con los pórticos del Templo por dos escaleras o puentes, para que tuvieran acceso inmediato a la zona del Templo en caso de disturbios. Desde el lugar que ocupaba la fortaleza se podía mantener una constante vigilancia sobre la ciudad, los suburbios y el Santuario.

La empresa arquitectónica más importante de Herodes fue la reconstrucción del Templo mismo. Aunque aseguraba estar realizando el trabajo de un benefactor público, en realidad fue probablemente empujado por su vanidad. Las obras empezaron hacia el año 20-19 a. de C., y la reconstrucción del santuario en sí se terminó en un año y medio. La parte principal del nuevo edificio se terminó en aproximadamente ocho años, pero la obra de embellecimiento y la erección de los patios exteriores continuó durante todo el período de la vida de Cristo. La existencia del majestuoso Templo de Herodes fue muy breve. Antes de cumplirse cuarenta años de la predicción de Cristo de que «no quedará piedra sobre piedra, todo será desmoronado» (Marcos 13,2) se hizo realidad cuando los invasores romanos destruyeron la singular edificación.

Todos los restos del Gran Templo de Jerusalén han desaparecido. Cuando los romanos asaltaron Jerusalén en el año 70 d. de C., el enorme y maravilloso Templo fue quemado y completamente destruido. Excepto el palacio de Herodes, que se mantuvo con fines administrativos, toda Jerusalén fue arrasada. Muchos de los muros fueron derribados hasta sus cimientos, y las piedras, arrojadas a los barrancos. Los romanos querían dar la apariencia de que Jerusalén ya no estaba habitada, de que ya no existía. Fue una demolición completa y total, y todos los habitantes fueron asesinados o eliminados durante uno de los peores baños de sangre de la historia. Para arrasar aún más toda la zona, los romanos deforestaron los bosques que circundaban la ciudad, y después toda la tierra en un radio superior a 17 kilómetros a la redonda. Así pues, convirtieron una zona abundante en bosques, viñas y jardines en un completo desierto. Palestina nunca recuperó su anterior aspecto. Fue el tiempo en que también Qumran, la comunidad esenia del Mar Muerto, fue destruida. La fortaleza de Masada fue tomada, pero no antes de que se suicidaran allí cientos de personas, tras un prolongado asedio por los romanos.

Desde entonces, eruditos y arqueólogos han intentado determinar exactamente el aspecto del Templo de Herodes, y el lugar en el Monte del Templo en el que estaba ubicado. Los únicos restos en pie son las secciones de los sólidos muros que han sobrevivido. Estos mismos muros fueron maravillas de ingeniería y tecnología, descritos por Josefo como «la obra más prodigiosa que jamás haya conocido el hombre». Estaban cimentados sobre un lecho de roca sólida de hasta treinta metros por debajo de la superficie actual. Se han descubierto rocas macizas que pesaban varias toneladas cada una. Estas rocas estaban colocadas tan juntas unas de otras que era imposible insertar una hoja de papel entre ellas, y no se empleó argamasa. Aún pueden verse restos de esta característica mampostería herodiana en el Muro de las Lamentaciones en el lado oeste de la zona del Templo.

Sobre la tierra este muro parece haber sido reconstruido, porque en la actualidad las piedras no están encajadas con el mismo cuidado de entonces. Las primeras nueve hileras de piedras están formadas por enormes bloques, como era característico en la mampostería herodiana, siendo la más grande de unos cinco metros de largo por unos cuatro de ancho. Encima de éstas, quince hileras de piedras más pequeñas. Hay muchos indicios de que se trata de una reconstrucción con material antiguo. Es difícil creer que los constructores originales, que tanto se esforzaban por obtener magníficos bloques de piedra con superficies finamente cinceladas, hubiesen colocado estas otras piedras de manera tan casual. Los judíos se han estado acercando al Muro de las Lamentaciones desde los tiempos bíblicos para llorar por la destrucción del Templo.

Hay muchas teorías sobre el aspecto del Templo en tiempos de Jesús, pero pocos hechos. Algunos de los historiadores antiguos —Josefo es el más notable— han dejado descripciones y referencias en su obra. El Templo fue construido con dura piedra caliza extraída de profundas cavernas bajo la parte norte de Jerusalén. Este tipo de roca podía pulirse hasta alcanzar un elevado brillo que la hacía semejante al mármol. La zona del Templo contaba con el beneficio de un inagotable suministro de agua, que provenía de un manantial natural. Había un maravilloso sistema de depósitos subterráneos interconectados por tuberías y conductos. Parte de este sistema aún se conserva en las cámaras subterráneas, bajo la ciudad actual.

Según Josefo, los muros del patio exterior del Templo estaban guarnecidos de pórticos, y la basílica al sur era especialmente notable, ya que tenía al menos ciento sesenta y dos columnas. Cada columna era un bloque macizo del más puro mármol, y era tan grande que hacían falta tres hombres para rodearla con los brazos extendidos. Estas cuatro hileras de columnas incluían tres espacios para caminar por entre estos claustros. Los techos estaban adornados con hermosas esculturas de cedro, y el frente estaba hecho de piedra pulida. Esto era lo primero que se veía después de entrar por la puerta a través del muro macizo exterior. Desde allí el patio abierto estaba pavimentado con toda clase de piedras. Parecía no haber una razón especial para esta enorme basílica encolumnada, a no ser que se hubiese diseñado para proteger del sol y de la lluvia a grandes multitudes de gente, o bien para atraer a los comerciantes. En el Monte del Templo se hacían muchos negocios relacionados con la venta de animales y aves para el sacrificio; y también había cambistas.

Más allá de la basílica había un gran patio exterior comúnmente conocido como el Patio de los Gentiles. Aunque en el antiguo Templo de Salomón sólo se admitían a los judíos dentro de los muros, Herodes creyó que debía acondicionar una parte del Santuario para uso de extranjeros de todas las naciones. Esto se debía a que había muchos egipcios, griegos, romanos y miembros de otras naciones que residían en Jerusalén. Así pues, se construyó un gran patio exterior, abierto a todo aquel que deseara pasear y conversar en este claustro, que por lo tanto fue llamado Patio de los Gentiles. Junto a él estaba el Patio de los Israelitas, al que bajo ningún pretexto se permitía la entrada a los gentiles. Josefo afirma que estos dos patios estaban separados por un muro bajo o balaustrada de escasamente metro y medio de alto, con trece entradas o aberturas. Encima de esta división había, de trecho en trecho, pequeños pilares cuadrados de piedra, cada uno de ellos con una inscripción en griego advirtiendo que ningún extranjero debía traspasar el muro, con amenaza de muerte para el transgresor.

El Templo era un inmenso complejo constituido por varios patios, cada uno conducía a otro hasta llegar al patio interno y al Santo de los Santos. Al pueblo se le permitía entrar a todos los patios según su dignidad y limpieza. Todo esto estaba establecido por la Ley, o conjunto de leyes mosaicas. En el lado oriental del Monte del Templo estaba el Patio de las Mujeres. A él se accedía entrando a través de un pórtico constituido por elevadas columnas (llamado el Vestíbulo de Salomón), y después una serie de escalones en terraplén, ya que esta zona tenía una pendiente de mayor ángulo que el resto del Monte del Templo. Los escalones conducían de una zona a la siguiente, subiendo por el Patio de las Mujeres hasta la zona principal del Templo. Los antiguos historiadores dicen que entre los tramos de escalones había dos amplios rellanos, con un tercer peldaño ancho en la parte superior del tramo. Posiblemente estos escalones prolongaban la longitud total del Pórtico.

Los hombres judíos podían entrar en esta zona al Patio de las Mujeres. Sin embargo, la mayoría de las mujeres no podía seguir adelante porque eran consideradas impuras la mayor parte del tiempo, debido a sus períodos menstruales y a las consecuencias del alumbramiento. A determinados hombres tampoco se les permitía ir más allá de los patios internos, si tenían cualquier tipo de infección, o si recientemente habían estado en contacto con un cadáver. Había muchas normas relacionadas con la limpieza personal, y muchos judíos quedaban incluidos en alguna de estas categorías en un momento u otro.

Más allá del Patio de las Mujeres había varios más a los que sólo a cierta gente se le permitía la entrada, hasta que se llegaba a la cámara santa final. Esta entrada oriental al Patio de las Mujeres se distinguía por las puertas abatibles de latón de Corinto. Josefo dice que frente a ellas tenían lugar reuniones públicas ocasionalmente. Eran tan sólidas que era necesaria la fuerza conjunta de veinte hombres para abrirlas y cerrarlas todos los días, porque la ley no permitía que quedara abierta ninguna de las puertas del Templo. Había otras nueve entradas y con sus respectivas puertas de acceso a estos patios internos, completamente revestidas de planchas macizas de plata y de oro, lo mismo que sus jambas y dinteles. Pero la inmensa entrada de latón las sobrepasaba con mucho en tamaño y valor.

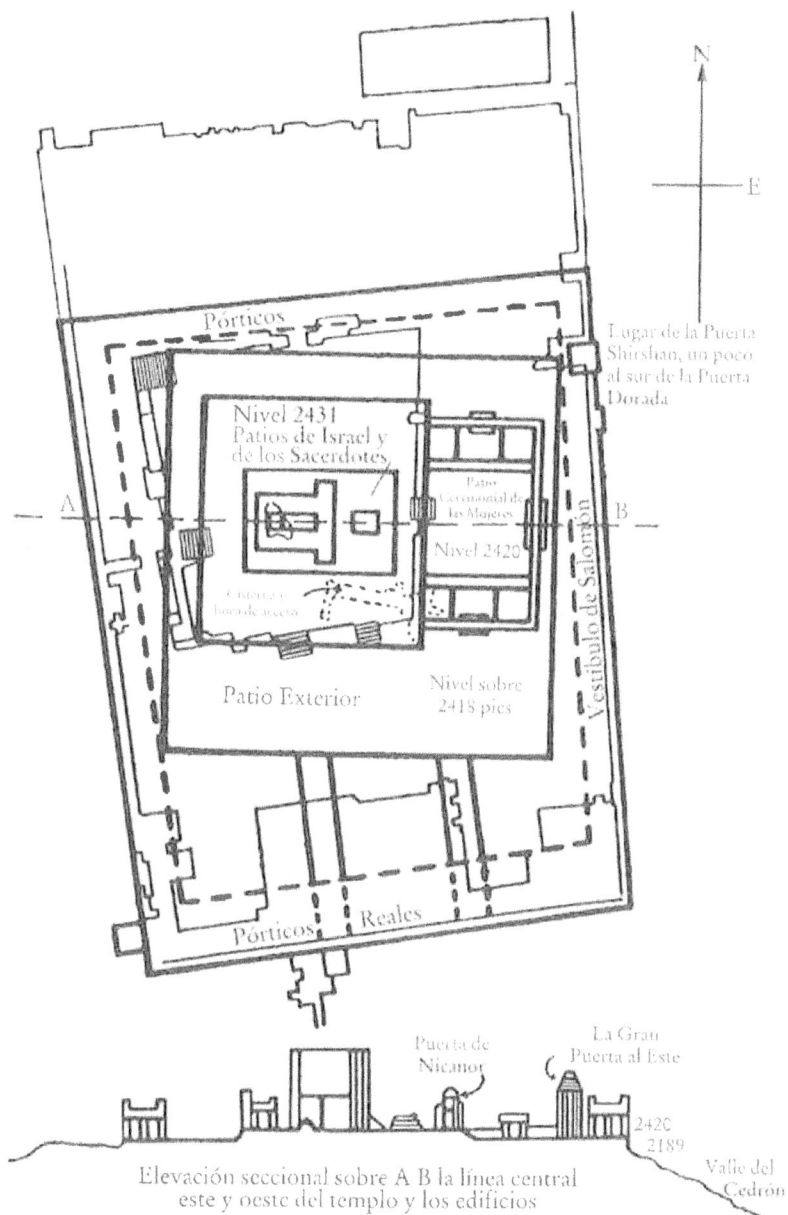

N

E

Pórticos

Lugar de la Puerta
Shirshan, un poco
al sur de la Puerta
Dorada

Nivel 2431
Patios de Israel y
de los Sacerdotes

Patio
Ceremonial de
las Mujeres

Nivel 2420

A                                    B

Vestíbulo de Salomón

Cisterna y
boca de acceso

Nivel sobre
2418 pies

Patio Exterior

Pórticos   Reales

Puerta de
Nicanor

La Gran
Puerta al Este

2420
2189

Valle del
Cedrón

Elevación seccional sobre A B la línea central
este y oeste del templo y los edificios

*El Santuario del Templo*

En el Patio de los Sacerdotes, y directamente frente al edificio mismo del Templo estaba el altar en el que se hacían sacrificios y se quemaban las ofrendas. Había una serie de anillas en el suelo donde se ataban los animales para el sacrificio, a la espera del momento de su muerte. La zona también contenía ocho mesas de mármol en las que se desollaban las reses muertas, se lavaban y preparaban para el altar. La sangre de las víctimas se drenaba por los agujeros del suelo, y toda la zona que rodeaba el altar parecía un matadero. Aquí se realizaba la quema del incienso y la bendición del pueblo, frente a los que eran considerados dignos de entrar en esta zona del Templo.

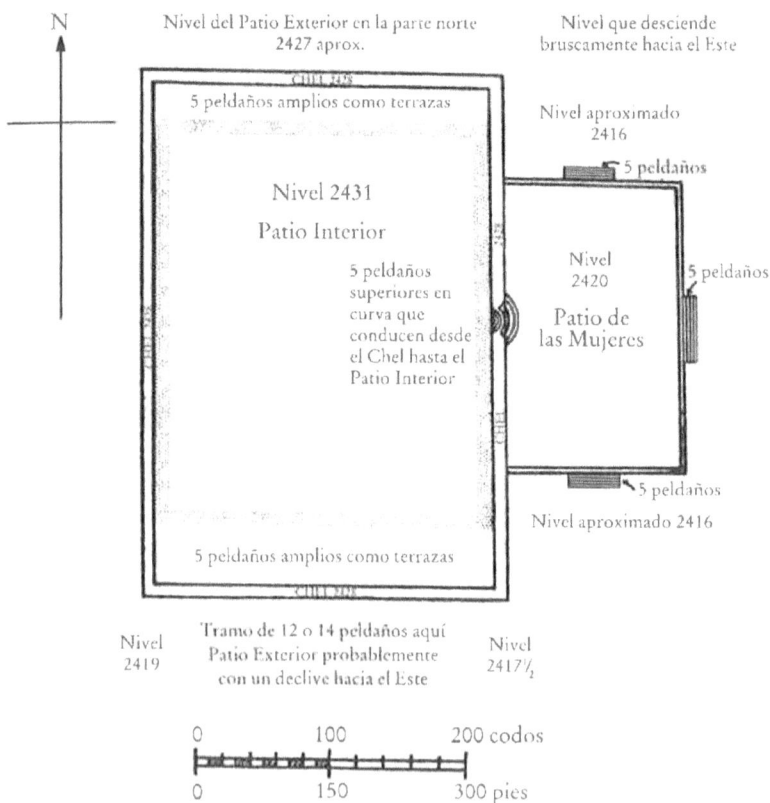

N

Nivel del Patio Exterior en la parte norte 2427 aprox.

Nivel que desciende bruscamente hacia el Este

5 peldaños amplios como terrazas

Nivel aproximado 2416

5 peldaños

Nivel 2431

Patio Interior

5 peldaños superiores en curva que conducen desde el Chel hasta el Patio Interior

Nivel 2420

Patio de las Mujeres

5 peldaños

5 peldaños

Nivel aproximado 2416

5 peldaños amplios como terrazas

Nivel 2419

Tramo de 12 o 14 peldaños aquí Patio Exterior probablemente con un declive hacia el Este

Nivel 2417½

0        100        200 codos

0        150        300 pies

*El Patio de las Mujeres*

73

No sólo la fachada entera del edificio del Templo, sino también el muro y la entrada entre el pórtico y el santuario, estaban cubiertos de planchas de oro. El santuario mismo se levantaba dentro de este patio más recóndito, al que se accedía por un tramo de doce peldaños. Estaba construido con piedras blancas; según Josefo cada una de ellas tenía el enorme tamaño de unos diez por cuatro por cinco metros. Se dice que en su día fue el santuario religioso más grande del mundo. Por el frente, su altura y su anchura eran iguales, es decir, cien codos (casi cuarenta y seis metros), según Josefo. Estaba cubierto totalmente de láminas de oro, y un espejo cóncavo dorado colgaba por encima de la entrada. Este espejo reflejaba los rayos del sol naciente con brillante esplendor.

Dentro del santuario había las acostumbradas divisiones del Lugar Santo y el Santo de los Santos. En el Lugar Santo había un altar, un candelabro de siete brazos de oro macizo, y una luz que nunca se extinguía. Las paredes del Santo de los Santos estaban cubiertas de oro, pero no contenían absolutamente nada, ya que no estaban permitidas las imágenes. El sumo sacerdote era el único ser humano que podía entrar en esta sacratísima cámara, y sólo en ciertos días especiales. Se cree que el Santo de los Santos debió de estar situado sobre la actual Roca Sagrada dentro de la Cúpula de la Roca.

Sólo la entrada a esta sección sagrada era visible a la gente. Estaba cubierta por una suntuosa cortina de seis colores que era movida por el viento. Esta cortina ocultaba el dorado interior y su contenido de todos los profanos. Ésta es la cortina que se rasgó de arriba abajo en el momento de la crucifixión de Cristo.

Visto desde el Monte de los Olivos, el Templo estaba directamente en primer plano, donde en la actualidad se eleva la Cúpula sobre la Roca Sagrada. Rodeado de una suntuosa columnata, sus patios se alzaban uno dentro de otro, cada uno más alto que el anterior hasta el Santuario interior mismo, cuya fachada de mármol y oro brillaba y destellaba.

Parece ser que el propósito de Herodes era que el Templo pudiese verse desde una gran distancia, y que dominara sobre sus alrededores. El material del edificio de piedra caliza, blanca como la nieve, y el frente cuadrado, completamente cubierto de oro, tenían la finalidad de atraer la atención por encima de todo lo que constituía el resto de la ciudad. Por lo tanto, era natural jurar por el oro del Templo.

Todas estas amplias edificaciones requerían enormes cantidades de dinero. Herodes recaudó impuestos excesiva e implacablemente, siempre pensando en nuevas formas de subvencionar sus muchos proyectos. El pueblo también pagaba elevadas contribuciones cruelmente exigidas por los romanos para financiar gastos mucho mayores en el extranjero, que no representaban ningún beneficio para los súbditos de Herodes. La gente encontraba opresivas estas cargas. Había amargas protestas contra el despilfarro del dinero sacado de la sangre misma del pueblo. Herodes pensaba que si la gente podía ver que parte del dinero iría a parar al proyecto visible de reconstrucción dc su Templo para su Dios, entonces se sentiría, al menos en parte, aplacada.

No se puede apreciar en su totalidad el carácter del santuario de Jerusalén a menos que se tengan en cuenta los conceptos de «lo sagrado» y las preparaciones rituales a las que tenían que someterse aquellos que desearan «aparecer ante el Señor». A algunos se los alentaba a prolongar los ritos de pureza en su vida cotidiana, para no despertar la ira de Dios. La opinión de Jesús era distinta. No daba importancia a los diferentes niveles de santidad en el Santuario, como lo hacían sus piadosos contemporáneos. Él sentía que sólo se preocupaban del ritual y la ceremonia, y no de su significado. Habían olvidado a la persona individual y sus necesidades.

Creo que la zona en la que Abigail llevaba a cabo sus clases con los niños, estaba en este lado oriental del edificio. Había varios tramos de escalones más que conducían desde el Patio de los Gentiles hasta el Patio de las Mujeres, pero el grupo de escalones en terraza parece encajar en la descripción de la danza en amplios rellanos. También parece sensato que los sacerdotes confinaran a Abigail al Patio de las Mujeres, como correspondía a la condición a la que la habían relegado. De nuevo se la mantenía en su «lugar adecuado». Cerca de esta zona exterior había una cámara para guardar instrumentos musicales, que también encaja con su descripción de las danzas.

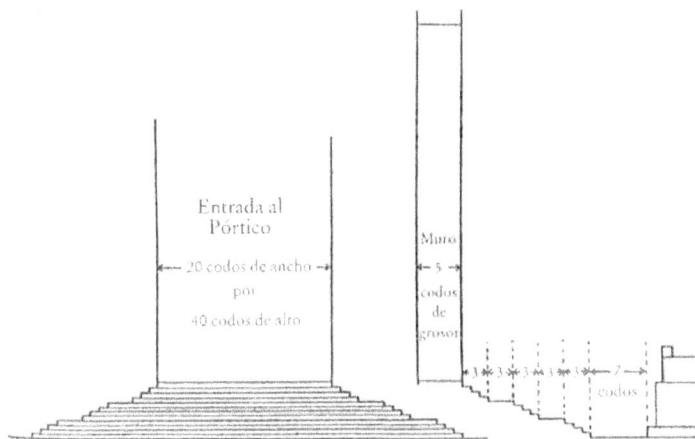

*Doce peldaños dan acceso al Pórtico del Templo*

Había columnas en el extremo oriental del pórtico, que pudo ser el lugar en el que Jesús hablaba a la multitud reunida. La inmensa sección de columnas al sur (la basílica), en la entrada del Monte del Templo, se hallaba demasiado distante como para que Abigail pudiese verle y oírle con claridad. Los historiadores parecen estar de acuerdo en que Jesús y sus discípulos enseñaban en la parte del lado oriental del Templo. Tendría sentido, porque allí podía hablar con cualquiera, sin tener en cuenta su grado de limpieza. También podía ser escuchado tanto por judíos como por gentiles, ya que esta zona, pasada la barrera, estaba abierta a todos.

76

Si mis suposiciones son correctas, Jesús debe de haber estado hablando en el extremo inferior del Patio de las Mujeres, bajo el pórtico de columnas, mientras que Abigail jugaba con los niños en los escalones en terraza que conducen a los patios interiores.

Si él se volvió y la vio, debe de haber subido los escalones hacia ella, en tanto que la multitud observaba desde abajo. Creo que los hallazgos de los historiadores y las interpretaciones de Josefo han identificado ésta como la única parte en la que esto pudo haber ocurrido. Y lo más extraordinario de todo, es que los escalones, las columnas y otros detalles, están allí. Éstos son datos comprobados no siempre al alcance de cualquiera que no haya hecho un exhaustivo estudio.

En los siguientes capítulos incluiré en el momento oportuno algunos puntos relacionados con esta investigación.

Elevación seccional del Templo de Herodes

Pórticas del Norte

2410

Nivel 2410

Parapeto de defensa

25 codos

2440

Longitud del Patio de los Sacerdotes 176 codos

Patio Ceremonial de Israel 158 codos

Patio actual de Israel

2435

Puertas de Nicanor

Nivel del Glacé 2428

Línea de visión desde la cima del Monte de los Olivos pasando al norte de ambas puertas y sobre el muro oriental más bajo del Patio Interior

Los Puntos Vallados

2419

Patio de las Mujeres

135 codos

2399

Vestíbulo de Salomón

2380

# 5 - Presentación de la sobrina de Jesús

La siguiente conexión sorpresa con Jesús ocurrió espontáneamente en 1987, un año después de mi trabajo con Mary. Aún me hallaba profundamente implicada en la traducción de los cuartetos de Nostradamus (para el libro en tres volúmenes *Conversations with Nostradamus*), cuando me convertí en investigadora de ovnis. Me llamaron para llevar a cabo hipnosis en supuestos casos de abducción en Arkansas (véase mi libro *Keepers of the Garden*). Mi tiempo estaba repartido entre muchos proyectos, además de la terapia de vidas pasadas.

Anna era una mujer judía muy afable, de voz suave, de una edad cercana a los cuarenta, aunque su apariencia lo desmentía. Parecía poseer una eterna juventud, y daba la impresión de esconder bajo la piel a una traviesa adolescente. Había sido educada en el Templo Judío Reformado, y ni ella ni su familia sabían hebreo. Anna y su marido habían decidido escapar del entorno multitudinario y ruidoso de Los Ángeles, donde ella había nacido y crecido. Decidieron vivir un estilo de vida más tranquilo en nuestras colinas de Arkansas, y montaron un negocio de hostelería a las afueras de una ciudad turística cercana. La conocía desde hacía varios años, y había trabajado con ella como sujeto en muchos proyectos. Había demostrado ser un sujeto excelente y yo la condicionaba para entrar en trance profundo rápida y fácilmente. Puedo decir con sinceridad que Anna es una de esas raras personas que son incapaces de engañar. Es la persona más honrada que jamás he conocido.

En el momento en que sucedió este episodio, Anna no tenía ningún problema, y no trabajábamos en nada específico. Había estado experimentando escenas recurrentes que pasaban como relámpagos por su mente. Estas escenas teman cierta semejanza con Israel o, al menos, con esa parte del mundo. Eran sencillas escenas callejeras y visiones momentáneas de gente vestida al modo característico de esa zona. No resultaban molestas, pero ella creía que quizá su mente subconsciente estaba tratando de decirle que había vivido una vida en ese país. Quería explorar esa posibilidad. Intentamos ver si nos era posible encontrar alguna información sobre ello durante esta primera sesión.

Después de tumbarse cómodamente en la cama, empleé su palabra clave y empezamos la sesión.

D: Dices que has estado viendo algunas escenas últimamente que crees podrían estar relacionadas con una vida pasada. Vamos a ver si podemos averiguar algo sobre ello, y si hay algo que necesitas saber. Crees que ha podido ser en Jerusalén, pero no estamos seguras. Así que, si las escenas que han estado viniendo a tu mente son importantes y tienen alguna validez, me gustaría que fuésemos a explorarlas y ver si hay algo que necesitas saber. Contaré hasta tres, y a la cuenta de tres, estarás allí. Uno... dos... tres... hemos ido a ese tiempo que has estado visualizando. ¿Qué ves? ¿Qué haces?

Entró en la escena en un momento insólito. Hablaba con voz infantil, y estaba experimentando tal emoción que parecía a punto de llorar.

*A: Soy... Soy una niña. Aún no he cumplido los trece. Me llamo Noemí. (Pronunciado: «Niome».) Y no me siento muy feliz. (Casi llorando.) Oh, me cuesta hablar de ello.*

D: ¿Ha ocurrido algo para que te sientas así? (Sollozaba, así que la tranquilicé.) Puedes hablar conmigo.

*A: Me gustaría ser un niño. Así tendría libertad de hacer lo que creo que debo. Y ya sé que esto es difícil. (Se derrumbó.)*

Anna ya me conocía y tenía conmigo una relación de trabajo, pero aquí me hallaba frente a otra entidad. Tenía que conseguir la confianza de Noemí para que se sintiera a gusto hablando conmigo.

D: Lo entiendo. A veces necesitas a alguien con quien hablar. Puedes contar conmigo para hablar de ello.

*A: Debo dar a conocer las enseñanzas, porque las entiendo muy bien desde mi corazón. Y él me miró y me dijo que no podía, porque era una mujer y no lo entenderían. Y... (Sollozando.) Le quiero tanto...*

D: ¿De quién hablas? ¿Quién te ha dicho eso?

*A: Era... (Sollozos.) Era el Nazareno.*

La única persona a la que siempre oí nombrar así era Jesús. Fue una sorpresa. Tendría que hacer preguntas cuidadosamente para determinar si era de él de quien ella hablaba.

D: ¿Conoces al Nazareno?

*A: Sí. (Sollozos.) Y yo quería salir de la casa de mis padres y caminar con él, porque lo sé, sé que puedo hacer todas esas cosas. (Su voz estaba llena de dolor y de emoción.) Y no tengo miedo.*

Empezó a llorar, las lágrimas rodaban por sus mejillas empapando la almohada.

*A: Podría cortarme el pelo y vestir ropas de chico. Y no notarían la diferencia. Pero creo, creo de verdad que debo caminar con él, y ayudarle y cuidarle. Creo que me necesita. Y que si hubiera nacido chico, lo habría hecho. Pero ahora no quiero hacer nada. No quiero hacer ninguna otra cosa.*

D: Lo entiendo.

*A: Y ellos dicen que mi padre es medio hermano suyo. (Sorbiéndose las lágrimas.) Y si es así, creo que tendrían que dejarme que lo haga.*

Esto fue una gran sorpresa. Supuse que hablaba de Jesús, pero ¿tenía un medio hermano? En *Jesús y los Esenios* se mencionó que había tenido varios hermanos y hermanas, pero en ese libro no entramos en contacto con ellos. Aunque estaba confusa, tuve que pensar en cómo plantear preguntas que no llevaran a otras preguntas.

D: ¿Quién es tu padre?

*A: Mi padre es el maestro de la forja... trabaja con el metal. Es el herrero de la aldea. Hace cerraduras y otras cosas con diferentes metales que él moldea.*

D: ¿Has dicho que es medio hermano de este otro hombre?

*A: Eso me han dicho. No sé si por eso quieren evitar que me acerque a él.*

D: ¿Cómo se llama tu padre?

*A: José.*

Otra sorpresa. Había descubierto que en esa cultura al hijo mayor siempre se le ponía el nombre del padre.

D: ¿Desde cuándo conoces a este otro hombre?

*A: Le conozco desde siempre. Ha estado allí siempre. Viene siempre a casa a ver a mi padre. Imagino que tienen negocios juntos, pero él tiene otros asuntos en la ciudad. Le he oído hablar y era como si oyera mis propias palabras. Sé también que se va.*

D: ¿Adónde se va?

*A: Se lleva a un grupo y salen de viaje, de peregrinación, para difundir las enseñanzas. Y sé que ése es mi lugar. Pero mi padre no lo cree así. Mi padre tiene miedo, y yo no. Mi madre es una mujer muy callada. Ella no dice nada sobre esto.*

D: ¿En qué ciudad o pueblo vives? ¿Tiene nombre?

*A: Jerusalén. Dicen...*

Dijo tres palabras que parecían hebreo, una lengua de la que Anna no tiene conocimiento consciente. Me resultaba difícil transcribirlo fonéticamente, así que más tarde le pregunté a un hombre que hablaba hebreo con fluidez, si podría entenderlas escuchando la cinta. Dijo: «Por supuesto», y me las deletreó: *Yerushalaym shel sahav*. Noemí continuó:

*A: Y ahora sé lo que significa. Realmente nunca he sabido lo que significaba.*

D: ¿Qué significa?

*A: Significa «Jerusalén de Oro».*

El hombre judío dijo que esta traducción era absolutamente correcta. Luego explicó por qué Jerusalén se llamaba así. Las antiguas casas se hacían con una roca caliza color miel que abunda en esa zona; por eso toda la ciudad resplandece con un brillo dorado cuando le da el sol. Esta explicación parecía convincente, hasta que hice mi investigación sobre la antigua Jerusalén. Todos los edificios de la ciudad moderna fueron construidos después del tiempo de Cristo, así que esto no encajaba, a menos que las casas se hubiesen hecho con el mismo material que hace dos mil años. Ésa es una posibilidad, pero mi análisis revelaría una explicación mucho más lógica para llamar a la ciudad «Jerusalén de Oro».

Descubrí que los edificios del Templo principal habían sido construidos con la roca caliza local, pulida hasta conseguir un brillo que la hacía parecer mármol. Las fachadas de los edificios habían sido recubiertos con planchas de oro, y varias de las inmensas puertas que conducían al patio interior o santuario estaban cubiertas de láminas de oro y plata. Todo esto daba la impresión de un Templo reluciente, y debe de haber producido una vista muy impresionante. El Templo se describía como algo tan hermoso que de él se hablaba en todo el mundo antiguo. Aparentemente la gente llamaba a la ciudad «Jerusalén de Oro».

*A: Siempre me gustó el sonido cuando lo escuchaba, pero nunca supe lo que significaba. Y significaba lo que él está expandiendo. Significaba la luz dorada que veo salir de su corazón. Es ese brillo dorado que proviene del amor, y de la atención y de la bondad, nunca del temor ni de la crueldad. Así pues, significa esa clase de oro. El oro de ser. No significa el oro, el metal. Es eso lo que yo no entendía. Así que significa que él hace una Jerusalén de oro, por lo que él está tratando de enseñar. Y creo que, ahora que lo entiendo, sólo quiero vivirlo. Quiero ser útil. Quiero caminar con él. Porque sé que tengo esa misma energía de amor, y puedo ser útil. Yo no necesito casarme o que cuiden de mí, o ser madre. Sé que podría caminar con él y aprender a sanar y a aliviar el dolor de los demás. Y eso es todo lo que quiero.*

D: Has dicho que conocías algunas de sus enseñanzas. ¿Has estudiado con él o qué?

*A: (Risa.) No, no está permitido. Le he oído cuando él hablaba con mi padre, y creían que yo dormía. También me disfrazaba y me metía a hurtadillas donde él celebraba reuniones. Y le escuchaba desde mi escondite.*

D: ¿Tiene un grupo grande de gente? Dijiste que llevaba a un grupo con él.

A: *No, no es muy grande, porque casi todos han ido recibiendo las enseñanzas en privado, en grupos pequeños. Pero ahora él sabe que debe hacer llegar su mensaje a otras partes. Este grupo es pequeño porque entre nosotros pocos son lo suficientemente valientes para caminar por la senda de la verdad y del amor. Es difícil encontrar gente que no tenga miedo a sanar y a servir. Así que en estos momentos, por lo que sé, el grupo no es muy grande.*

D: ¿Le conoces por algún otro nombre aparte de Nazareno?

A: *Le llaman Jesús, pero a mí me suena mejor «Nazareno». Quizá porque los oigo cuando hablan, a mi padre y a él: El Nazareno.*

D: Me pregunto si es así como le llama tu padre.

A: *Oh, a veces. Pero normalmente cuando viene, cuando hablan de negocios, de carpintería y del metal, le llama Jesús. Otras veces le llama hermano. «Hermano» lo usan mucho.*

D: ¿Dices que has oído que eran medio hermanos? ¿Significa que tienen la misma madre o el mismo padre? ¿Qué sabes de eso?

A: *No sé si lo acabo de entender. En realidad ellos nunca hablan de ello, o al menos delante de mí. Pero creo... Creo que el padre es el mismo, porque mi padre lleva el nombre de su padre. No entiendo mucho. Ellos nunca me lo han dicho.*

D: ¿Has visto alguna vez... a tu abuela y a tu abuelo? (Pensaba en José y en María.)

A: *A los de mi madre más que a los de mi padre. Son cosas de las que no se habla. No los vemos con mucha frecuencia. Están muy lejos. Es lo que me dicen.*

D: ¿Entonces al que más ves de esa familia es al Nazareno

cuando viene? ¿Tienes hermanos o hermanas?

*A: Tengo un hermano. Y está... muy lejos. Se fue a estudiar.*

D: ¿Qué clase de estudios?

*A: Para ser un hombre culto. Para estudiar con maestros y raboni, para aprender diversas Leyes y Enseñanzas. Para ser un hombre culto.*

No pude encontrar la palabra «raboni» en el diccionario, así que le pregunté al hombre judío. Dijo que era una de las formas respetuosas oficiales para dirigirse a un rabino.

D: ¿Tuvo que recorrer un largo camino para irse a estudiar?

*A: Sí. Tuvo que ir a otra ciudad más grande.*

D: Creí que Jerusalén era grande.

*A: Jerusalén es grande. Pero creo que para sus estudios no podía quedarse en Jerusalén.*

He explicado anteriormente que la educación significaba exclusivamente el estudio de la Ley. Cualquier otro tipo de aprendizaje tenía que realizarse fuera de Jerusalén. Se me ocurrió de pronto que su hermano podía haber ido a estudiar con los esenios, puesto que Jesús los conocía.

D: ¿Entonces no sabes realmente adónde ha ido? ¿No se lo has oído decir a nadie?

*A: Él no me dijo el nombre. No, no sé el nombre. Pero hay muchas cosas que no me dicen. Creo que por miedo, o porque creen que así me protegen.*

D: Pero este hermano es mayor que tú, ¿verdad?

*A: Sí. Este hermano es diez años mayor. No sé... podía estar comprometido en cosas que son secretas. Así que me dicen lo que me dicen. Es como si fuera otro padre. (Riendo.) Mi madre nos tiene a mi hermano y a mí como hijos, pero tiene otros niños que atender. Y hace todas esas cosas que se esperan de las mujeres. Y también cuida a niños huérfanos o niños que necesitan atención.*

D: ¿Puedes decirme cómo es el Nazareno? ¿Cómo es físicamente?

*A: Es... cuando le miro, no estoy segura... Déjame ver primero. Tiene una estatura como la de mi padre, que para ser de hombre, imagino que tú la llamarías normal. Parece muy... Es de brazos y de hombros fuertes. No es muy alto, pero tiene fuerza. Y... sus ojos, sus ojos son maravillosos. Tiene los ojos azules. Tiene el cabello castaño y... cabello en la barba y encima de la boca. Está bronceado por el sol. Diría que su piel es bastante morena.*

D: Pero ¿dices que sus ojos son maravillosos?

*A: Sí. Los ojos azules nunca me parecieron amables o amorosos, pero los suyos lo son. Estoy acostumbrada a los ojos oscuros. Pero los suyos son muy bondadosos, muy amorosos. (Suspiro.)*

En *Jesús y los Esenios* cité el libro *The Archko Volume*, un texto poco conocido escrito por los doctores Mclntoch y Twyman, publicado en 1887. Estos hombres descubrieron en la Biblioteca Vaticana informes escritos que trataban sobre Cristo. Uno de ellos contenía una descripción de Jesús que coincide extraordinariamente con las descripciones dadas por las distintas personas. Después de la publicación de Jesús y los Esenios me encontré con otra carta parecida que contenía una descripción similar. Este sorprendente documento también fue encontrado en la Biblioteca Vaticana. Supuestamente había sido escrita al Senado Romano en tiempos de Cristo por Publio Lentulo, entonces procónsul romano en Judea, predecesor y amigo de Poncio Pilato. Su descripción de Jesús es la siguiente:

«Es un hombre de estatura noble y bien proporcionada, con

un rostro lleno de bondad y firmeza, de manera que los que lo contemplan le aman, a la vez que le temen. Tiene el cabello del color del vino (probablemente leonado), dorado en la raíz —lacio y sin brillo— pero desde el nivel de las orejas rizado y brillante, y dividido por el centro al estilo de los nazarenos.

» Tiene la frente lisa y tersa. Su rostro carece de imperfecciones y está realzado por una suave lozanía; su semblante es ingenuo y bondadoso; su barba, poblada, del mismo color que su cabello, y de forma hendida; sus ojos, azules y extremadamente brillantes.

» En la reprensión y en la censura es formidable; en la exhortación y enseñanza, benévolo y de lengua afable. Nadie le ha visto reír, pero muchos, por el contrario, llorar. En cuanto a su persona, es de alta estatura; sus manos hermosas y rectas. Al hablar es prudente y grave y poco dado a la locuacidad; en belleza sobrepasa a la mayoría de los hombres».

Esto está sacado del artículo «Cómo era Cristo físicamente», de Jack Anderson, que apareció en la revista *Parade Magazine* el 18 de abril de 1965.

D: ¿Has dicho que ha estado yendo a tu casa desde que tú recuerdas?
A: *Sí. Lo conozco desde siempre. Siempre le he visto allí. Cuando era muy pequeña pensaba que sólo hablaban de negocios, pero creo que intentaba resolver un problema de familia.*
D: Es natural que, si eran hermanos, viniera de vez en cuando a verle. Me interesa mucho este hombre. Parece excepcional.
A: *Bueno, yo sólo... sé que me acerqué a él el otro día, y le dije que quería caminar con él. (De nuevo con tristeza.) Y me dijo que, siendo una jovencita, sería muy difícil. La gente no lo entendería; le dije que podía cortarme el*

*pelo y ponerme una túnica de hombre, y nunca lo
sabrían. Y él me dijo que yo caminaría con él, pero no
en este momento. Yo no quiero hacer ninguna otra cosa.
No soy como mi madre. No estoy hecha para hacer lo
que ella hace. Sólo estoy en este cuerpo de mujer.*

D: Quizá quiso decir que tendrías que esperar un poco. Si dijo
que aún no era el momento, realmente no te dijo no.
Quizá te deje ir con él más tarde.

*A: Eso espero. Pero de cualquier manera puedo ayudar, y
tratar de recordar lo que le he oído decir. Y ayudara mi
madre con los niños que necesitan cuidados.*

D: Dices que una vez te escondiste y escuchaste lo que él
decía. ¿Fue sólo una vez?

*A: Bueno, no ha habido muchas oportunidades, porque no me
gusta desobedecer a mis padres. Pero me sentí impulsada
por mis voces a ir a escucharle. Así que estuve allí unas
cuantas veces. Me enteraba en el barrio del pueblo donde
vivíamos, en qué lugar había reuniones, o llegaba a mis
oídos al azar, cuando la gente hablaba con mi padre. Se
reunían en distintos lugares. La gente tenta zonas ocultas
en sus casas, o espacios subterráneos en alguna parte de
la ciudad. Y él reunía a la gente y enseñaba un estilo de
vida que es bueno y que debería existir para todos.*

En excavaciones, los arqueólogos descubrieron que la
parte subterránea de Jerusalén está plagada de pasadizos
secretos y cámaras subterráneas que se remontan a un tiempo
anterior al de Cristo. Algunas de las casas tenían entradas
secretas que conducían a salas de reunión subterráneas.

D: ¿Puedes recordar algo de lo que él decía?

*A: Bueno, cuando pienso en ello, veo el brillo de la luz dorada
que le rodea la parte del corazón. Recuerdo sobre todo
que nos decía que amáramos y cuidáramos a los demás
como querríamos que hiciesen con nosotros. Creo que*

*es lo que más recuerdo. Su sabiduría es grande, y sin embargo no es rudo. El enseña que no debes causar ningún daño a los demás para tener comprensión.*

D: ¿Por qué tiene que reunirse en lugares ocultos?

*A: Porque hay un grupo entre los que gobiernan que empieza a pensar que tal vez puede tener Influencia sobre mucha más gente de la que creían. Al principio no creían en él ni le tomaban en serio. Pero ahora están preocupados porque los pobres y los desvalidos, los que tienen fe y creen, están recurriendo a él cada vez más. Hay un cambio de parecer por parte de los cuerpos de gobierno. Se están volviendo crueles. Les empieza a atemorizar el poder de la verdad. Son una pandilla de despilfarradores. Arrebatan sin parar, y tienen habitaciones llenas de riqueza, sin importarles lo que les ocurra a los enfermos y a los pobres. Por eso las reuniones se mantienen en secreto.*

D: Me gustaría saber por qué temen a una sola persona.

*A: Al principio no tenían miedo. Pero creo que algunos de los que están en el cuerpo de gobierno le han oído. Saben que dice una verdad que está dentro de ellos mismos. Y se sienten divididos en su interior, porque no pueden ser fieles hacia el otro cuerpo. Así que, me temo que se está creando un grave conflicto.*

Durante este tiempo, Israel estaba bajo el pesado yugo de la ocupación de los romanos. Se les habían anulado muchas de sus libertades, y tenían que pagar impuestos excesivos, hasta el punto de que muchos de los judíos se sentían como esclavos en su propio país. Buscaban un redentor, un mesías, un salvador, que viniera a librarlos de la situación. Ansiaban desesperadamente el retorno del estilo de vida que habían disfrutado antes de la ocupación romana. Pero también había un gran temor, porque el ejército romano era fuerte.

Se formaban muchos grupos secretos que preconizaban

el derrocamiento del gobierno por medio de la violencia. Uno de los más notables fue el de los zelotes, del que se asegura fue miembro Judas Iscariote. Querían la guerra y buscaban un líder lo suficientemente fuerte que organizara su movimiento. Algunos de estos grupos, unos violentos y otros pacíficos, pensaban que habían encontrado a ese líder en Jesús, porque hablaba de cosas que nunca antes habían oído.

A los sacerdotes Jesús no les gustaba, porque predicaba una filosofía que era distinta de la que ellos enseñaban. Por ello, ambos grupos le vigilaban con cautela. Los romanos eran especialmente diligentes porque veían que el número de seguidores aumentaba, y sabían que el malestar ciudadano sólo necesitaba de un líder fuerte que organizara una revuelta. La amplia dispersión de los judíos había hecho que Jerusalén se convirtiera en un centro de considerable magnitud en el Imperio romano. Lo que ocurriese allí, ocurría en el escenario del mundo. Por esta razón, cualquier acción de un revolucionario como Jesús era vigilada con cuidado e informada a Roma.

D: ¿Dices que tiene un grupo que va con él a casi todas partes? ¿Conoces a algunos de los que están en ese grupo?

A: *He visto a unos cuantos hombres. En realidad no se dejan ver mucho en público. Pero parecen de su edad. Parece que entre ellos existe un vínculo, una continuidad. Creen en las mismas cosas y trabajan para el bien común. Hay un Pequeño grupo al que siempre he visto con él.*

D: Me preguntaba si sabrías sus nombres. Sabes que no lo diré. Sólo es curiosidad.

A: *(Pausa.) Creo que hay uno que se llama Juan. (Dicho con entonación de pregunta.) Y este hombre... He visto mucho a Juan. Pero los nombres de los otros, no los sé.*

D: Pensé que quizá habrías oído a Jesús o a tu padre llamarlos por su nombre... ¿Cómo es Juan? ¿Dices que es de la edad de Jesús?

*A: Sí. Su aspecto es pareado, salvo que los ojos de Juan son oscuros como los de casi toda la gente de esta región. Y no tiene el semblante tan amable. Es también un poco más fuerte.*

D: Hace un momento dijiste algo sobre unas «voces» que te dicen que hagas algo. ¿Qué quieres decir con eso?

*A: Bueno, no me gusta desobedecer a mis padres o ir contra sus deseos, pero a veces oigo cosas. Las voces vienen a mi cabeza y me dicen que estas cosas están bien, porque las hago por razones correctas. No las hago con deshonor. Las hago porque respeto mi fe, a mi Dios. Las voces son tan fuertes que sé que está bien disfrazarme y meterme a escondidas en la casa.*

D: Y eso es lo que quieres decir. ¿Las oyes dentro de tu cabeza? ¿Tienes una religión determinada? ¿Sabes lo que quiero preguntarte?

*A: A las niñas no se les enseña gran cosa, al menos en mi familia. Pero ellos pertenecen a la fe judaica. Creo, también, que el Nazareno es de esta fe. Sin embargo camina por una senda distinta, porque hay mucha severidad en las Leyes. Yo creo que por eso se están dividiendo las familias. A la gente le cuesta entender o reconocer sus propias creencias en estos momentos.*

Éste era parte del conflicto que Jesús tenía con los sacerdotes del Templo. Él no estaba de acuerdo con su interpretación de la Ley, las normas mosaicas que se habían establecido para ser obedecidas por los judíos. Él creía que eran injustas, e interpretadas demasiado estrictamente. En Jesús y los Esenios era obvio que en su estudio de las Leyes encontró otros significados. Sus francos comentarios producían fricción, de modo que se alejó del Templo y optó por hablar a la gente en secreto sobre su versión de la religión. A medida que aumentaba su popularidad, crecía la oposición de los sacerdotes, pues pensaban que intentaba socavar su autoridad.

D: ¿Tu familia va a algún lugar para rendir culto?

*A: Sí. Vaal Templo.*

D: ¿Has estado tú en el Templo?

*A: Sí. Pero las mujeres van de otro modo y se sientan en un lugar diferente al de los hombres. Y yo no... (Suspira.) No me siento muy querida allí dentro. Me siento más cerca de Dios en cualquier otra parte.*

D: ¿Puedes decirme cómo es el Templo por fuera? ¿Es un edificio grande o pequeño?

Quería ver si la descripción del Templo de Noemí concordaba con la de Abigail.

*A: Éste... creo que hay muchos por aquí.*

D: ¿En Jerusalén?

*A: Sí. Este no es el más grande. Éste es de piedra, o de estructura de piedra.*

D: ¿Hay otro más grande en la ciudad?

*A: Hay uno que es mayor.*

D: ¿Has visto ese edificio alguna vez?

*A: Lo he visto. Es inmenso. Me asusta. Me hace sentir frío. (Riendo.) Me gusta más el nuestro, es más pequeño.*

D: ¿Por qué? ¿Porque éste es demasiado grande?

*A: Sí, creo que es demasiado grande.*

D: Bueno, ¿cómo es por fuera?

*A: Oh, tiene muchas piedras de colores claros. Y hay también puertas grandes, y algunas columnas afuera. Hay... en el interior los techos son altos.*

D: ¿Tiene muchas columnas en el exterior?

*A: Creo que tiene... ocho por la parte de la fachada.*

D: ¿Tiene columnas en otro lugar, aparte de la fachada?

*A: Dentro. Veo algunas en el interior.*

D: ¿Tiene escalones que suben hasta las puertas?

*A: Sí. Son muy largos... piedras largas... escalones.*

La descripción de Noemí coincide muy bien con la versión de Abigail y con la investigación histórica.

D: Pero has dicho que no te gusta ir allí porque es...

*A: (Interrumpiendo.) Demasiado grande. Hace que me sienta sola.*

D: Sí, a veces las cosas son demasiado grandes y te alejan de lo que intentan enseñarte. ¿Pero realmente las mujeres no reciben ninguna enseñanza?

*A: No. Al menos donde yo he crecido. A las mujeres no les enseñan. A los hombres se los educa. El raboni enseña a los hombres, no a las mujeres. Parece que es una tradición en estos tiempos. No me gusta.*

D: Es raro que no hayan querido enseñarte, porque tú sí quieres aprender.

*A: He aprendido. De todos modos, he aprendido. He escuchado y he aprendido. Y tengo amigos que me han enseñado.*

D: Y en el grupo que sigue al Nazareno, ¿hay mujeres o son sólo hombres?

*A: Veo mujeres. Pero no sé si están siempre con el grupo, o si se encuentran allí porque son esposas y hermanas. Pero él parece que se va de viaje con los hombres.*

D: Estaba pensando que si hubiera otras mujeres en el grupo, quizá más adelante también te permitirían Ir.

*A: Tal vez. Hay uno que se llama Jeremías. Me viene a la mente Jeremías. No sé bien por qué. Creo que es uno de los hombres que va con él*

D: ¿Jeremías tiene la misma edad que los demás?

*A: No. Parece un poco más joven.*

D: En este país en el que vives, ¿hay un gobernador? Hablabas de un cuerpo gobernante hace un rato...

*A: Le llaman rey. ¿Rey? Creo que le llaman rey, y luego tiene un cuerpo de gobierno, me parece.*

D: ¿Les has oído alguna vez hablar del rey?

*A: A mi padre. Piensan que es un rey injusto. Son... como te dije, tienen salas y salas, almacenes llenos de riqueza, y hay demasiada gente pobre ahí fuera.*

D: ¿Has oído hablar de algo que haya hecho? ¿Alguna vez ha hablado tu padre de algo concreto?

*A: Bueno, él... ellos hablan de una gente a la que llaman «esclavos». Hablan de castigos crueles. Hablan de gente que se llevan y de la que nunca más se vuelve a saber. Y sin ningún motivo.*

D: ¿Creen que el rey es responsable de esas cosas?

*A: Sí. Y yo no logro entenderlo. No sé todo lo que hay que saber. No me hablan de estas cosas. ¿Sabes?, mi madre es una mujer callada y muy buena, es simplemente como debe ser. No discute sobre esto o aquello, no tiene una opinión que exprese en voz alta.*

D: Quizá es lo que se espera de ella. ¿Vives en una casa grande?

*A: No, es pequeña. Mi padre tiene su espacio para trabajar, que comunica con el espacio donde vivimos. Y fuera hay un horno para cocinar. Es pequeña, pero agradable. Es cómoda.*

D: ¿Cómo es por dentro? Me refiero al espacio para vivir...

*A: Cuando entras, hay una habitación. En ella comemos. Tenemos una mesa y muebles. Luego hay otra habitación más pequeña, donde duermen mis padres. Y hay una puertecita que da al sótano. Y luego hay un pequeño hueco que es mi propio espacio.*

D: ¿Cómo es tu espacio? ¿Dónde duermes?

*A: Duermo sobre paja, que se ha atado para darle forma y consistencia. Está sobre una pequeña plataforma de madera. Y después se cubre con tela y pieles.*

D: ¿Es cómoda?

*A: Sí. Es muy cómoda.*

D: ¿Es todo lo que tienes en tu pequeño espacio?

A: *También tengo una vela. Y además unas cuantas cosas personales, pero eso es todo. Mi ropa está doblada en un extremo.*

D: ¿Qué clase de alimento coméis?

A: *Comemos cereales y frutas. Y hay pescado. También «dátiles» y otros frutos suaves de arbustos.*

D: ¿Alguna vez coméis carne, además de pescado?

A: *Raras veces. De vez en cuando cordero. No sé... ¿vaca? ¿Vaca? (Como si desconociera la palabra.)*

D: ¿Qué es eso?

A: *La carne de vaca escasea. Pocas veces la comemos.*

D: ¿Coméis algún tipo de hortalizas? ¿Sabes lo que quiero decir?

A: *Sí, las llamamos verduras... Calabaza y... son un tipo de vegetales verdes.*

D: Bien, parece que tenéis muchas cosas distintas para comer. ¿Qué bebéis?

A: *Yo bebo leche de cabra y agua. Y hay diferentes clases de bebida para mi padre.*

D: ¿Cuáles?

A: *Creo que bebe infusión. Aunque no sé exactamente lo que es. Y luego también beben vino. Hacemos pan en el horno de a fuera.*

D: Así que no pasáis hambre. Eso está muy bien. Bueno, ¿te parecería bien si vuelvo otro día y hablamos un rato?

A: *Sí, me gustaría. Has hecho que me sienta mejor. (Suspira.)*

D: Me alegro. Siempre puedes comunicarte conmigo cuando vuelva y hablarme de lo que te molesta, porque yo no se lo contaré a nadie. Siempre es bueno tener un amigo con quien hablar.

Cuando hice volver a Anna a su plena consciencia, me preguntaba cómo reaccionaría cuando le dijera de lo que me había hablado. Tenía algunos vagos recuerdos de la sesión. Dejé encendida la grabadora mientras ella seguía hablando.

D: ¿Has dicho que había nombres distintos para la comida? ¿Podías oír que se hablaba en otras lenguas? ¿Es eso lo que quieres decir?

A: *Sí. Es difícil de explicar. Cuando decías «verduras» o «fruta», podía verlo pero no podía decir el nombre. También había algunas cosas que nunca antes había visto en esta vida. Así que creo que a veces, cuando me haces preguntas, trato de filtrar las respuestas a través de la cantidad de cosas que están pasando a mi alrededor.*

D: ¿Podías oír otras lenguas? ¿Se escuchaban de fondo o qué?

A: *A veces. Pero no entendía las palabras.*

D: ¿Es eso todo lo que recuerdas?

A: *Recuerdo la casa. Y creo que recuerdo... (Risa.) Recuerdo que decía «el Nazareno».*

D: Parece que eso se refería a Jesús. ¿Sabes mucho de él?

A: *Como soy judía, realmente no he pensado demasiado en Jesús en el pasado. De hecho, nunca. En mi ambiente no se le reconocía siquiera. En la familia en la que crecí, si les preguntaba a mis padres sobre Jesús, simplemente me mandaban a paseo. Los judíos que conocí de pequeña actuaban como si no existiera. Así que hasta que llegué a los treinta, realmente no empecé a enfrentarme a ese tema. Siempre creí que había un conflicto. No podía entender por qué los judíos no hablaban de él. Y con todo, en lo poco que iba sabiendo acerca de él, aparecía como un buen maestro. Por eso nunca tuve ningún marco de referencia sobre él.*

D: Así que no tienes motivo para... por ejemplo, un cristiano diría: «Oh, me encantaría haber vivido en tiempos de Jesús». Tú no tendrías motivo para pensar así.

A: *No, porque ni siquiera hablamos de él. Por lo que concierne a mi familia y a la gente que conozco, él no existió.*

D: Y si te dijera que conociste a Cristo en esa vida, ¿qué dirías?

*A: Diría que... (Risa.) No creo que pueda contestar a eso. (Risa.)*

D: ¿Qué dirías si te contara que era tu tío?

*A: (Expresión de perplejidad.) No sabía que Jesús fuese... Yo sólo... Lo encuentro extraño. Me parece casi divertido. Es absurdo. Yo soy judía. Que de mí surja esa historia, es lo peor que me podría pasar.*

D: Difícil de creer, en otras palabras.

*A: Bueno, en estos momentos, me resulta incómodo. Desde Que era niña, y debido a mis padres... nunca nadie me habló de Jesús.*

D: ¿Pero tampoco trataron de quitarle importancia?

*A: No, de hecho mis padres no hubieran sabido cómo hablar de ello. Siempre tenían respuestas rápidas. No había demasiada comunicación. De niña aprendí enseguida lo que debía preguntar y lo que no. Aprendía muy temprana edad que había ciertas cosas sobre las que no se debía preguntar. Y ellos sencillamente decían: «Hay gente judía y gente no judía. Nosotros creemos en Dios». Solían decirme: «Ellos tienen a Jesús. Y para nosotros, Moisés, que nos dio los Diez Mandamientos, es como nuestro Jesús». Este tipo de cosas me decían mis padres. Recuerdo mi niñez... Cuando era pequeña, a duras penas podía soportar ir al Templo y a la Escuela Dominical. Todo me parecía un montón de bobadas. Cuando aprendía historia judía, me horrorizaba la crueldad de los judíos. Para mí estaba muy claro el fuerte control que ejercían en tu vida y lo cruel que era el Templo. He tenido esos sentimientos sobre el judaísmo desde mi infancia. Pero a todos los demás niños les oía hablar de Jesús. Y crecí sintiéndome muy ofendida por él Me horrorizaba que toda esa religión se hubiese creado en torno a ese solo hombre, así que nunca sentí nada bueno respecto a Jesús. Siempre me lo tomé muy a mal. Y después, cuando me hice mayor y empecé a cuestionarme sobre el tema, fue aún peor. Ni siquiera entendía quién o qué era él. Sólo sentía que era demasiado extraño para entenderlo, el hecho que la gente hubiera formado una religión en torno a un hombre. Una religión debe existir en torno a Dios. Hasta que llegamos a vivir aquí, entonces empecé a escuchar lo que decían algunas personas. Y de repente, las cosas empezaron a aclárarseme. Y esto es, en resumen, lo que me ha estado sucediendo en los últimos cinco años. Fue como si tuviese que alejarme y vivir quizás en este tipo de ambiente, para dejar que las cosas se aclararan convenientemente. Algo así como: «Ésta es la verdad, esto es lo que necesitaba saber». Quizá por eso nunca pude tragarme nada de lo que oía, porque Jesús era un ser humano. Pero también porque... quizá una parte de mi interior quería creerlo. Especialmente debido a que en estos últimos seis meses, por alguna razón he tenido fuertes sensaciones y no sé de dónde vienen. Sabía que había algo importante que debía examinar en esa parte del mundo, y que la regresión era la manera de encontrar la respuesta.*

D: Pero nunca te inventarías algo como esto si fueras a fantasear sobre una vida pasada.

*A: Eso sería lo último que se me ocurriría.*

Parecía un progreso extraordinario, y decididamente yo quería seguirlo y obtener su historia de la vida de Cristo, ya que ella estaba en contacto con él. El hecho de que sea judía confiere a esta historia una enorme validez. Le pregunté si alguna vez había leído algo sobre Jesús en la Biblia. Dijo que sólo tenía el Antiguo Testamento y ni siquiera lo conocía a fondo. En su religión no se les exigía su lectura. Cuando trató de leerlo por propia iniciativa, dijo que era demasiado difícil, demasiado agotador. Así que le pedí que no leyera el Nuevo Testamento, Contesto que no había muchas probabilidades de que lo hiciera porque ni siquiera tenía un ejemplar. En cuanto a ella, no sabía absolutamente nada sobre su vida, de ninguno de los acontecimientos que son tan comunes a los cristianos, o las narraciones que se nos inculcan desde la infancia. Esto era un territorio completamente extraño para ella y no tendría nada en su subconsciente a qué recurrir. Tampoco tendría motivo consciente o Inconsciente para fantasear. La idea en su totalidad le parecía absurda. Ésta podía ser una oportunidad perfecta para obtener una historia que resistiría a la crítica de los escépticos.

La idea de que José tuviese un hijo mayor me inquietaba, y me preguntaba cómo reaccionaría la gente al saberlo. No obstante, sabía que José era mucho mayor que María. Esto quedó establecido en Jesús y los Esenios. ¿Qué ocurrió en sus años más jóvenes? Quizá era más humano de lo que la Iglesia nos ha hecho creer. Tal vez también tuviera fragilidades comunes a todos nosotros. Parece que a Jesús no le preocupaba que pudiese haber habido en su árbol genealógico una mancha. Durante años mantuvo una relación amistosa con su medio hermano. Me preguntaba qué otros detalles desconocidos desvelaríamos a medida que avanzáramos en la historia de Noemí.

# 6 - La marcha

Quería explorar más detenidamente la vida en Jerusalén para ver el grado de relación que Noemí, el alter ego de Anna, tenía con Jesús, y la cantidad de información que podía darme. Empleé su palabra clave e hice a Anna la cuenta atrás hasta el tiempo en que Noemí vivía en Jerusalén.

D: Quiero que vayas a un día importante en tu vida mientras Noemí vivía en Jerusalén, y que me digas lo que está pasando. Contaré hasta tres y estaremos allí. Uno... dos... tres... es un día importante en tu vida. ¿Qué ocurre? ¿Qué ves?

A: *Veo la misma escena en la que estuve antes. Y ahora sé lo que debo hacer con mi vida. No quiero que mis padres sientan que los he desobedecido, pero sé que mi destino es caminar con él y enseñar. Y estoy deseando vestirme de hombre y disfrazarme, ya que mi destino no es hacer las cosas que hace mi madre, o ser obediente como ella. Lo único que tiene sentido para mí en esta vida es enseñar sus palabras y su forma de vivir.*

D: ¿Cuántos años tienes ahora?

A: *Creo que trece. Soy un año mayor, porque durante ese año lo intenté, intenté de verdad ser una buena hija, y hacer lo que ellos querían. Pero no está en mi corazón. Los quiero, pero mi vida no vale la pena si me quedo aquí y me caso y llevo esa clase de vida.*

D: ¿Como deberían hacer todas las chicas? ¿Has hablado de esto con tu madre y tu padre?

A: *Mi padre no tiene paciencia para eso, dice que son tonterías. He dejado de hablarle del tema. Y mi madre lo comprende, pero dice que «no es vida para una mujer», así que me he callado y sólo he rezado. Hablé con el Nazareno cuando estuvo aquí, pero ya no quedan alternativas.*

D: ¿Tu padre también piensa que lo que hace su hermano es una tontería?

A: *En absoluto. Cree en todo lo que dice y trata de hacer. Sólo que no está acostumbrado a que una mujer o una chica siga esos pasos. Si fuera un chico no habría problema. Temerían por mi seguridad, pero me dejarían ir con su amor y su bendición.*

D: Sólo intentan protegerte. Les preocupa de corazón tu bienestar, aunque no sea lo que tu realmente quieres hacer. Quieren lo mejor para ti.

A: *Lo sé. Y lo he intentado, durante casi todo un año. E hice todo lo que ellos querían. Ayudé a mi madre con los niños. Pero no puedo seguir haciéndolo. Me siento más vieja de lo que soy. Siento que para mí, el matrimonio es algo absurdo. No hay razón para que me case. Lo único que amo son las verdades que quiero ayudara transmitir la gente. Y amo... creo que si alguna vez amara a un hombre, sería al Nazareno. Pero sé que eso es imposible. Así que esa parte de mí tiene que aprender a amar de una manera diferente a como ama una mujer.*

D: ¿No va esto en contra de la tradición de tu tiempo sobre lo que una mujer debe hacer? Quizá por eso les desconcierta a tus padres.

A: *Pero sé que estoy destinada a ser maestra y consejera. Y eso es todo lo que hay en mi corazón. Sé que es lo único que sé hacer bien. Sólo espero que estén dispuestos a entender y darse cuenta de que no hay otra alternativa.*

*Solamente hay un camino.*

D: ¿Has pensado que cuando salgas de ahí, será más difícil de lo que creías?

A: *No tengo miedo. No temo a la muerte ni a las dificultades. Creo que las cosas son muy sencillas. Encuentro que para mí existen muy pocos motivos para vivir. Y no hay nada en mí capaz de ser lo que mis padres creen que debería ser. A pesar de que lo deseen de corazón y por mi propio bienestar.*

D: Dices que has hablado con el Nazareno sobre esto. ¿Qué piensa él?

A: *Hace un año, cuando hablé con él, puso sus manos en mi rostro con ternura y dilo que era muy joven y que no podía caminar con él en aquel momento. Pero que lo haría en otro momento.*

D: Sí, lo recuerdo.

A: *Y sé también que lo dijo sencillamente para que lo escucharan mis padres. Pero vi en sus ojos que él me entendía... Lo hacía por amor y por protección. Y en aquel entonces le dije que podía vestirme como un hombre y cortarme el pelo y ser la más prudente. Sé que no me rechazará. Él sabe que he dejado de hablar de ciertas cosas y que he optado por callar. Y él sabe por qué, aunque no se lo haya dicho. Él sabe que caminaré con él. Me aceptará, porque sabe que eso procede de mi corazón y de Dios.*

D: Tal vez pensó que cambiarías de idea al ser tan joven.

A: *Pero ha visto que el año pasado intenté ser una hija obediente y hacer lo que mis padres deseaban. Sabe que lo he hecho lo mejor que he podido, que lo he intentado. Pero sería un error casarme y tener niños, porque no lo haría con el amor más auténtico de mi corazón. No puedo hacer un hogar feliz con lo que llevo dentro de mi corazón.*

D: Lo harías sólo por obligación, más que por otra cosa. Pero probablemente él creyó que cambiarías de idea. A tu edad la gente normalmente no sabe lo que quiere. Bien, y ahora ¿qué es lo que vas a hacer?

A: *Quiero enterarme de cuándo se va de viaje otra vez. (Con firmeza.) Y yo iré con él.*

D: ¿Está ahora en Jerusalén?

A: *Le esperan dentro de unos días.*

D: ¿Sabes dónde ha estado?

A: *Creo que ha estado en casa de sus padres. Ha habido problemas. Pero continua con sus enseñanzas, sus reuniones y sus viajes a las ciudades.*

D: ¿Con su grupo de gente?

A: *Un grupo pequeño.*

D: ¿Dónde está la casa de sus padres? ¿Sabes en qué ciudad está?

A: *Está... lejos... Es en la región de Nazaret; desde donde vivo, creo que hay unos cuantos días andando. Nunca he estado allí.*

D: Pero su casa no está exactamente en Nazaret. ¿Sabes qué miembros de su familia están allí?

A: *Pues... aquel hermano suyo y de mi padre... Creo que ese hermano está en casa. Y ha habido ciertas dificultades. No estoy muy segura. Cuando estoy delante, o si saben que estoy cerca, no hablan mucho.*

D: Bueno, ya que hablas de familia, me preguntaba si él ha estado casado alguna vez. (Ésta era una pregunta con trampa.)

A: *Oh no, él nunca se casaría. Está casado con Dios y sus creencias. Y él siente que ésta es la razón de su vida. No podría atender a una mujer o dedicarse a una familia.*

D: Entonces los que viven en casa de sus padres, ¿son sus hermanos?

A: *Sí. La casa de sus padres. Él tiene hermanos en esa zona.*

D: Me sorprende que hubiese problemas en la familia. Creía que todo marcharía muy bien.

Intentaba descubrir lo que ocurría sin que resultara molesto o evidente.

*A: Creo que sus hermanos tienen un problema concreto.*

D: Dijiste antes que tu padre tampoco veía muy a menudo a sus padres. ¿Se debía también a un problema familiar?

*A: Creo, por lo que recuerdo haber oído, que a su padre... le costaba trabajo reconocerle. Porque la mujer a la que él llama madre.. no permaneció con su padre.*

D: Has dicho antes que él y el Nazareno eran medio hermanos.

*A: No sé si podré explicarlo. Creo que su madre no podía casarse con su padre. Y había un problema. Sé que ella estaba enferma. Creo que no tengo toda la información.*

D: En otras palabras, ¿crees que el Nazareno y tu padre no tenían la misma madre? ¿Sabes cuál de los dos es mayor? ¿Tu padre o el Nazareno?

*A: Mi padre es mayor que el Nazareno.*

D: ¿Y es ésta la razón por la que no se relaciona con su familia?

*A: Sí. Creo que hay dolor, mucho dolor, confusión y desconcierto. Pero eso sucedió hace mucho tiempo.*

D: Aparentemente al Nazareno no le preocupa en absoluto, ¿verdad?

*A: Creo que él sabe toda la verdad. Mi padre y él han trabajado juntos, y sus creencias son semejantes.*

D: Tenía curiosidad porque suena como SI estuvieran guardando secretos. ¿Crees que el problema está en los otros hermanos? ¿Dices que también tenían problemas familiares, o crees que es algo diferente?

*A: Sí Quizás haya celos, o algo por el estilo.*

D: Algún día sabrás toda la historia, y podrás contármela. Entiendo por qué no quieren hablar cuando tú estás delante. No quieren que los niños, supongo, conozcan los problemas familiares. Bien, ¿es costumbre en tu país poner al hijo mayor el nombre del padre?

*A: Creo que ha sido costumbre ponerles nombres a los hijos en recuerdo de alguien, para que sigan viviendo a través de ellos.*

D: Has dicho que tu padre tiene el mismo nombre que su padre.

*A: Así es. Y creo que mi abuela le puso José para mantener vivo el amor y el recuerdo del padre, porque ella sabía que no podía estar con él.*

D: Pero se casó con la madre de Jesús y de los otros hijos...

*A: Sí. Y realmente no sé si fue la enfermedad que ella padecía lo que tuvo algo que ver.*

D: Pero dijiste que no ves a tus abuelos. ¿Es porque están muy lejos, o por este problema de su nacimiento?

*A: Me dijeron que estaban demasiado lejos, pero estoy segura de que mi padre es parte del problema.*

D: Te pregunto porque tengo curiosidad. Si vas con el Nazareno, ¿qué esperas hacer? ¿Conoces alguna de tus obligaciones?

*A: Seguiré aprendiendo. Espero poder ayudarle en lo que él desee. No tengo miedo a estar con los enfermos o los pobres, o con la gente que se encuentra en extrema necesidad. Quiero ser capaz de dar y aprender lo que él hace para ayudar y curar. Y vivir las leyes de Dios.*

D: ¿Crees que él puede enseñarte estas cosas?

*A: Lo creo.*

D: ¿Sabe él sanar a la gente? ¿Le has visto alguna vez hacer algo así?

*A: Sí Una vez le vi, aunque no debía estar allí. Él tenía una reunión por la noche en nuestra aldea. Recuerdo que me metía hurtadillas y me escondí. Y había un niño... una madre trajo a su niño que estaba enfermo. No estoy segura de lo que le pasaba a este pequeño, pero le vi cogerlo en brazos. Lo colocó en su regazo, y le impuso las manos. Y el niño dejó de llorar. Desapareció la fiebre, y el niño se puso bien. (Esto fue dicho en un tono de asombro.)*

D: ¿Sabes cómo lo hizo?

*A: No. Creo que... él sabe cómo vivir las leyes de Dios. Con amor y sus cuidados él puede hacer que algo cambie si es que ha de ser así.*

D: Ésa no es la manera habitual de curar enfermedades en tu época, ¿verdad?

*A: No. Tenemos médicos que suelen cuidar de los enfermos. Lo que vi esa noche fue un milagro. No sé lo que le ocurría al niño. Pero lloraba, estaba muy rojo y sudoroso, y tenía mucho dolor. Y pasó a estar tranquilo y recuperó su color normal Espero aprender a ayudar de este modo.*

D: Sería maravilloso que pudieras aprender a hacer algo así. ¿Has oído que haya hecho otra curación como ésa?

*A: Dicen que curó a un hombre tullido. Y oigo histonas, pero no sé realmente... Tengo que esperar y preguntarle a él.*

D: ¿Qué historias?

*A: Oh... que puede hacer que la gente vea, o sanar miembros para que la gente pueda andar o usarlos de nuevo.*

D: Pero no sabes si es verdad o no...

*A: Espero que sea verdad. Sé lo que he visto. No importa cuánto creas en Dios, es difícil creer que un hombre pueda hacer ciertas cosas.*

D: Sí, un hombre mortal. Debe de ser una persona maravillosa si puede hacer esas cosas.

*A: Él es... diferente. ¿Sabes?, cuando le ves o hablas con él, o cuando él te toca, es diferente de cualquier otro que hayas conocido jamás. Y por eso él nunca podría... estar con nadie más. Porque así debe ser su vida, y sólo así. Y sé, sólo por amor y por lo que he oído en mis plegarias y voces y de Dios, que éste es el camino que debo vivir yo. Debo vivir en soledad y dedicada a estas cosas en las que creo.*

D: Si eso es lo que realmente crees, supongo que es correcto hacer lo que deseas.

*A: Ya no me siento como una niña.*

D: ¿Has oído hablar de otras cosas que haya hecho él, que se salgan de lo normal?

*A: Oh... dicen que se fue lejos y le educaron de otra manera distinta a la de la gente de nuestras escuelas, o de nuestros templos. Y que aprendió mucho de hombres sabios en países lejanos. Probablemente le enseñaron mucho sobre sanación, que si tu corazón es puro y está unido a Dios, puedes cambiar físicamente a los demás y a ti mismo. Creo que esto puede ser parte del problema de su casa. Pienso que tal vez existe alguna duda dentro de su familia. Pero...*

D: ¿Qué clase de duda?

*A: Sobre lo que él puede hacer. Sobre lo que le enseñaron.*

D: ¿Creen que esto le hace diferente? ¿Es eso lo que quieres decir?

*A: Sí. Y no sé si ellos le creen.*

D: Bueno, tú sabes que hay muchas otras maneras de educar además de vuestras escuelas. Quizá le hayan podido enseñar muchas cosas extraordinarias en otros países. ¿Y a los otros hermanos no les han permitido hacer esto?

*A: No. No creo que tuvieran el deseo. Casi todos ellos querían vivir una vida sencilla, como la mayoría de los ciudadanos.*

D: Entonces, si no querían vivir esa clase de vida, no deberían sentir celos.

*A: No. Pero tal vez haya dudas en la aldea, y eso les complica la vida. O quizá se sienten avergonzados.*

D: Sí, puede ser. Quizá en eso consiste el problema. Porque esta gente le conoce desde que era un niño, supongo.

*A: Sí. ¿Quién más ha sido capaz de hacer lo que él hace?*

D: ¿Piensas que podrían creer que finge, o que es una especie de magia?

*A: Me temo que algunos de ellos lo creen.*

D: Ya. Piensan que trata de engañar a la gente. Veo que eso causaría problemas si es algo tan difícil de creer.

A: *(Suspiro.) Bien, ahora le veo.*

D: ¿Ya llega?

A: *Le veo... su imagen surge ahora mismo en mi mente, y va subiendo por el camino. Y veo esa... energía alrededor de su cabeza, una corona de un brillo tenue en torno a su cabeza.*

D: ¿Habías visto esto antes mientras estaba contigo, o sólo está en tu mente en estos momentos?

A: *Nunca lo había visto antes.*

D: ¿Qué crees que significa?

A: *Creo que significa «verdad». Significa mantenerse firme y tener fe. Y que está bien caminar con él.*

D: Parece una persona maravillosa. Pero ¿has oído algo más fuera de lo habitual, que él haya hecho, además de curar?

A: *Dicen... sí, recuerdo una noche en que oí a mis padres hablando. Había alguien más en la casa. Pensaban que yo dormía. Y contaban que en una zona donde había sufrimiento porque no llovía, y la gente dudaba de él... él hizo que lloviera. Eso les oí decir. (Serena, con asombro.) Lo había olvidado. Esto ocurre a veces por aquí. Tenemos años en los que el agua escasea.*

D: Bien, eso también sería una especie de milagro, ¿verdad?

A: *Sí Pero él quiere enseñar lo más importante: las leyes de Dios, para que vivamos de acuerdo con ellas, y nos amemos realmente unos a otros. Que se puede vivir en paz, sin temor m envidia. Y que vivir con amorosa atención es la verdadera naturaleza del hombre.*

D: Pero a veces esto es difícil de enseñar. Parece muy sencillo, pero algunos no lo quieren escuchar...

A: *Lo sé. Por eso discutió en el Templo. Porque descubrió que muchos de sus métodos son muy crueles y despiadados. Por eso se entregó a su camino, andando y difundiendo las leyes de Dios, y enseñando a vivir a hombres y mujeres.*

D: Estos problemas en el Templo, ¿los tuvo antes de salir fuera y difundir la palabra?

*A: Sí Ésa fue la causa de que se marchara.*

D: ¿Sabes qué pasó?

*A: Fueron varias cosas. Por un lado, fue el hecho de que ellos no quisieran hacer nada por ayudar a los necesitados, a los pobres y a los que sufrían. Y también que tuvieran muy poca comprensión y piedad cuando se trataba de los problemas de la gente y ellos pronunciaban sus sentencias. Fueron muchas cosas.*

D: ¿Quieres decir que eran muy críticos?

*A: Mucho, y muy estrictos. Y sin motivo.*

D: ¿Esto lo hacían los sacerdotes o los rabinos?

*A: Los rabinos. Sólo había una única salida para todo. Y era injusta y cruel en muchos casos. Los rabinos a veces dejaban que su posición y su poder distorsionaran su capacidad de decisión. A ellos había que acudir para resolver disputas y problemas. Y sentían que se convertían en Dios, en lugar de escuchar a Dios y tratar de ser justos.*

D: El poder puede hacer eso con la gente.

*A: Sí. Así que en vez de intentar servir y ayudar a resolver los problemas, algunas veces creaban más.*

D: ¿Así que pretendían regirse estrictamente por la Ley, sin tener clemencia, o aceptar otras Interpretaciones? ¿Y esto enfadó mucho a Jesús o qué?

*A: Le decepcionó mucho. Se dio cuenta de que lo que escuchaba en el Templo, a través de los rabinos, no coincidía con lo que él sentía que era el deseo de Dios. No sentía que ellos estuvieran viviendo los Mandamientos. Poma en duda lo que decían, y preguntaba por qué no podía ser de este modo. Y ellos no estaban acostumbrados a que se los pusiera en tela de jumo.*

D: Estaban acostumbrados a que su palabra se tomara como ley.

*A: Eso es. Y él proponía una solución que resolvía muy bien el problema, mostrando justicia y misericordia e igualdad. Había vías para que los que habían hecho el mal pudieran rectificar. Sugería soluciones que desafiaban las de ellos, y esto originó muchos problemas. Creo que esto encolerizaba a los rabinos porque el Nazareno tenía más claridad y justicia en sus propuestas. Pero Jesús no podía tolerar la hipocresía y la crueldad, porque no es Dios el que es poco amoroso y despiadado, sino el hombre. Por eso él sintió que su Templo era ahora el país, la Tierra su suelo, el cielo su techo. Él divulgaba las Leyes de Dios e intentaba ser un maestro.*

D: Suena muy hermoso. Lo consideraban un rebelde porque iba contra las enseñanzas de su tiempo. ¿Cómo encontró a su grupo de seguidores? ¿O fueron ellos los que le encontraron a él?

*A: Siempre ha habido gente que pensaba como él, pero tenían demasiado miedo. Así que las reuniones empezaron sólo en algunas casas, y se transmitían de boca en boca. Y la gente acudió.*

D: ¿Y después de un tiempo querían quedarse con él? ¿Es eso lo que quieres decir?

*A: Sí. Porque cuando le oyes hablar, sabes que dice la verdad. Él habla desde su corazón y desde Dios.*

D: Realmente parece una persona maravillosa. Entiendo por qué quieres seguirle. Antes has hablado de tu aldea, pero creí que vivías en Jerusalén.

*A: Bueno, es Jerusalén, pero hay pequeñas secciones.*

D: Trato de entender lo que quieres decir.

*A: Hay zonas en esta ciudad. ¿Esta porción? Le llaman el Oriente, y antiguamente la llamaban la Puerta Oriental. Creo que estas distintas porciones tomaron sus nombres de las distintas entradas del Templo. Imagino que estas aldeas fueron creadas por gente que tenía las mismas creencias y se agrupaba para vivir junta. Y creo que también dependía de las riquezas.*

111

D: ¿Hay allí un muro alrededor del Templo, con puertas? Estoy pensando en una entrada de esas que normalmente están en una especie de muro.

*A: Sí Originalmente fue un gran templo, rodeado de un muro con vanas entradas. Este era el lado oriental. Hay vanos nombres, pero todo es la ciudad de Jerusalén.*

Josefo decía en sus escritos históricos que el Valle de Tiropeón dividía naturalmente a Jerusalén en dos partes, este y oeste. Éstas se conocían como la Ciudad Alta y la Ciudad Baja. Al parecer, según lo dicho por Noemí, ella vivía en la Ciudad Baja, que se encontraba en el lado oriental.

D: ¿Existen otros grandes edificios importantes además del Templo?

*A: El Templo es el mayor y el más importante. Pero hay otros grandes edificios: las oficinas del gobierno, las dependencias oficiales, los edificios de almacenamiento, las escuelas.*

D: Entonces es una gran ciudad. He oído que podría haber también otras clases de templos, además de los judaicos. ¿Es verdad?

*A: Sé que hay otras creencias, u otras escuelas que llaman templos.*

D: ¿Has estado en esos templos alguna vez?

*A: No, no.*

D: ¿Sabes qué son los romanos?

*A: Sí Y tienen sus propios edificios, sus propias escuelas, sus propios lugares de adoración. Nosotros tratamos de mantenernos dentro de lo nuestro y lo más lejos posible de ellos.*

D: Lo entiendo. ¿En alguna ocasión ves soldados?

*A: No muy a menudo. No vienen por nuestra zona, a menos que estén buscando a alguien.*

D: ¿Hay un mercado en Jerusalén?

*A: Sí Hay una zona céntrica en la ciudad. Y hay un mercado. Allí puedes comprar cualquier cosa que necesites. Es una zona especial de la ciudad. Y también los hay pequeños... todos están montados. Con mercancías y comida y... son sólo pequeñas filas de uno a otro lado en esta zona llamada mercado. Está en las afueras.*

D: ¿Está cerca de donde vives?

*A: Sí. Suelo ir andando al mercado. Hay varios en esta ciudad, pero hay uno no lejos de donde vivimos.*

D: Esas entradas en el muro, ¿qué aspecto tienen?

*A: Bueno, me han dicho que han cambado. Pero ahora mismo son de madera, y tienen dos puertas que se abren. Y son altas, muy altas y pesadas.*

D: Si son distintas, ¿cómo eran antes?

*A: Me han dicho que tuvieron que reconstruirlas para hacerlas más altas y más fuertes.*

D: ¿Por qué tuvieron que reconstruirlas?

*A: Porque hubo una vez un problema con los soldados, creo. Querían darle a la gente de nuestro Templo una lección. Hubo una rebelión porque los romanos querían que les proporcionáramos más cereales. Y habíamos tenido años de sequía. Así que hubo una rebelión y ellos destruyeron parte de ese muro y parte del Templo. Creo que una parte del Templo fue reconstruida. Los romanos nos han dado muchos problemas con sus leyes, y su falta de comprensión.*

D: ¿Los romanos son los que gobiernan?

*A: Sí, ellos tienen el control. Pero para nosotros, para la gente que somos del Templo del Judaísmo, el que gobierna es el rabino. Los romanos tienen otras leyes, y otro poder y control.*

D: Una vez me dijiste que también había un rey...

*A: El romano. El rey controla, decreta sobre todos. El rey romano.*

D: Supongo que como muchacha que eres, de todos modos no

113

debes de saber mucho sobre esto.

*A: No, prefiero no saber. Prefiero no reconocer a ninguno, por lo poco que he sabido u oído de ellos. En realidad no me interesa saber nada de ellos ni de sus leyes. Nos han causado muchas dificultades. Quiero poner mi energía en vivir una vida enseñando y aprendiendo para el bien de todos. Para que la gente pueda vivir unida, sean romanos o judíos o de otras creencias.*

D: Pero como país, ¿tenéis que obedecer lo que dicen los romanos?

*A: Sí. Llevamos ya mucho tiempo viviendo en paz.*

D: Eso está bien. Gracias por darme esa información, porque me preguntaba en qué condiciones estaría el país. ¿Has dicho que esperas la llegada del Nazareno? ¿Qué preparativos haces?

*A: La rutina de siempre, pero creo que estará aquí con nosotros dentro de muy poco. Y estoy preparada. Tengo la ropa que necesito, y estoy preparada para irme. Y... el país ya no es tan seguro. En cualquier momento que haya que salir de la ciudad o irse lejos, podría haber bandas de gente —romanos o no romanos— que roban y matan.*

D: Así que realmente no existe seguridad, ¿verdad?

*A: No siempre. Simplemente no sabemos.*

D: ¿Por eso quieres ir disfrazada de chico?

*A: Para ser aceptada con más facilidad.*

D: ¿c No lo haces para estar más a salvo?

*A: Pues no.*

D: ¿Crees que no aceptarían estas cosas viniendo de una mujer?

*A: Les resultaría más difícil. A las mujeres no se les permite recibir la educación de los hombres. Tienen que cuidar del hogar y de los niños pequeños, y eso es lo que yo he hecho. Le he ayudado a mi madre con los niños que cuida durante el día.*

D: Eso es todo lo que se espera de una mujer, y piensan que no necesitas muchos conocimientos. Ahora adelantémonos un poco en el tiempo hasta el momento en el que llega, y descubriremos lo que va a suceder. ¿Necesitas que cuente, o ya estás allí?

A: *No, ya le veo (Pausa.) Está con otros tres hombres. Entra y habla con mi padre en su taller. Y... ahora entra. Me saluda. Y le digo que ya me he decidido. Que hay una sola cosa que quiero hacer en esta Vida: caminar con él. Enseñar y servir a aquellos que él desee ayudar, enfermos o pobres, o aquellos que estén necesitados de algo.*

D: ¿Qué dice él?

A: *(Pausa.) Me miró, tomó mi rostro en sus manos, y con esos ojos que van más allá de este mundo, sabe... sabe que nada de lo que pueda decirme me detendrá. Y dice que así sea. Y mi madre entra ahora. Debo decírselo a mi madre y a mi padre. Y les digo que me he esforzado, pero que este tiempo transcurrido y en el que he estado tan callada, he rezado y sé lo que Dios quiere que haga. He prestado atención a las* voces que oigo. Y sé que ningún hombre puede encontrar *la felicidad conmigo. Que se me rompería el corazón si me quedara, si Intentara casarme y tener una familia, porque no es eso a lo que estoy llamada. Así que espero que ellos comprendan, y encuentren amor en sus corazones para mí. Pero debo emprender este viaje.*

D: ¿Cómo reaccionan?

A: *Mi madre llora. Y mi padre se ha quedado callado. Pero el Nazareno dice: «Esta joven mujer habla desde el corazón y sabe la única verdad que existe. Que así sea. Puede caminar en paz a mi lado, conociendo mi protección y amor. Será una ayuda para mí y aprenderá a vivir en las Leyes de Dios, y a servir donde la necesiten».*

D: Y si él quiere que vayas, realmente no les queda mucho que decir, ¿verdad?

A: *No, porque he sido paciente y silenciosa estos meses*

*pasados, y saben que de todas formas lo haré.*

D: Saben que no es un impulso infantil.

*A: Exacto. Y él sabe que caminaré con él.*

D: ¿Cuándo se va?

*A: Mañana por la mañana se irá al campo, a una región donde la gente está muy enferma y necesita escuchar sus enseñanzas, para encontrar fe y esperanza y una razón para seguir adelante. Dice que a esta gente los llaman «leprosos». Tienen una enfermedad muy triste.*

D: ¿Crees que podrás entrar en una zona como ésa, con tanta gente enferma?

*A: Sí. Por eso estoy aquí.*

D: ¿Van otros con él?

*A: Tiene un grupo que habitualmente está con él. El grupo parece vanar en número. Pero la mayoría de sus seguidores son hombres. De vez en cuando veo mujeres, pero son mujeres mayores.*

D: Ninguna de tu edad.

*A: Eso es. Pero estoy preparada.*

D: Entonces saldrás por la mañana. ¿Te has cortado ya el pelo? Has dicho que te lo cortarías para disfrazarte...

*A: Lo haré cuando vea que todos duermen. No quiero causarles más dolor. Echaré de menos a los niños que cuida mi madre. Ellos me han dado mucha alegría. Pero sé que mis padres tienen sus propias tareas, y que están donde deben estar.*

D: Desde luego, siempre puedes volver si no sale bien.

*A: Sí. Volveremos por aquí.*

D: Está bien. Vayamos más adelante hasta la mañana en la que saldrás con él, y dime lo que ocurre.

*A: (Suspiro.) Bueno... Estoy rebosante de amor y de gozo. Pero... es un poquito triste. Me estoy despidiendo de una vida que he conocido, y estoy empezando otra. (Con tristeza.) Pero abrazo a mi madre y la beso, y le digo que estaré bien. Debo hacerlo, y la quiero. Y mi padre tiene*

*lágrimas en los ojos. Nos abrazamos. Y... echo una última*
*ojeada. (Todo esto fue dicho con una profunda emoción.*
*Luego, resignada, más bien resuelta.) Ya estoy preparada*
*para marchar.*

D: (Fue tan emotivo que me sentía como una intrusa.) Será una vida completamente nueva, ¿verdad?

A: *(Suspiro hondo.) Sí.*

D: Nunca habías salido de Jerusalén, así que será también una aventura, ¿verdad?

A: *(Con suavidad.) Sí.*

D: Algo que vosotras las jóvenes normalmente no tenéis oportunidad de hacer. (Tenía que sacar su mente de la tristeza.) ¿Cuántos sois en el grupo que hoy te acompaña?

A: *Oh, déjame ver. Parece que... unos doce contándonos a todos.*

D: ¿Incluidos tú y Jesús?

A: *Sí, sí.*

D: ¿Conoces a alguno de los demás?

A: *Me resultan conocidos. Sobre todo porque los he visto yendo con él, o cuando me escondía en esas reuniones. Pero, no, en realidad no los conozco.*

D: Imagino que pronto los conocerás y sabrás sus nombres. Probablemente podrás llegar a conocerlos muy bien. Me pregunto qué opinan de tu presencia.

A: *Están en el mismo sendero que yo, así que me aceptarán.*

D: Tendréis que procuraros comida y techo, ¿verdad?

A: *Bueno, en esta parte del año el clima es bueno y no hace falta gran cosa para levantar un pequeño cobertizo para dormir. Y parece que hay jarras de agua y comida. Creo que están preparados para el tiempo que tendrán que estar fuera, conocen lugares donde pueden hacer un alto.*

D: ¿Hay animales ahí contigo? Me preguntaba cómo transportáis la carga...

*A: Algunas cosas se llevan en la mano... y veo un animal de carga, un... burro, parece que lo cargan con algunas cosas. Y parece haber también una cabra, pero no sé si va con nosotros o no.* Creo que lo importante es que cuando hacen falta suministros, saben dónde encontrarlos.

D: ¿Has preparado algo para llevarte?

*A: Sí. Una bolsa de tela en la que he puesto varias cosas. Llevo una manta y mis cosas personales. Sólo lo indispensable.*

D: Me preguntaba si llevarías objetos personales o algo que no pudieras dejar.

*A: Bueno... yo... (Parecía avergonzada.) He tomado sólo lo imprescindible. Pero tanto como... ¿quieres decir, un objeto favorito?*

D: Sí, algo que no pudieras dejar.

*A: Tengo un amuleto que llevo siempre en la mano o en el cuello. Lo tengo desde que era niña.*

D: ¿Cómo es?

*A: Mi padre lo forjó para mí cuando era niña. Y tiene un símbolo... oh, creo que es una estrella, una estrella de seis puntas. Pero para mí es un símbolo de amor y de Dios. Debe de haberlo hecho para mí cuando yo tenía cinco años.*

D: ¿Tiene otro significado, aparte de habértelo dado tu padre?

*A: Oh, puso en él una letra que significa vida. Está en el centro de esta estrella. Es (fonéticamente) Ah-hi.*

El hombre judío que me ayudaba en algunos de estos detalles hebreos dijo que la palabra que significa vida se deletrea fonéticamente «Chai». Es probable que sea la palabra referida, aunque se simboliza con dos signos en la lengua hebrea. El centro de la Estrella de David está vacío, y ciertamente era posible hacer un diseño con la combinación de dos símbolos en uno, y ponerlo allí.

D: ¿Es el nombre de la letra?

*A: Sí, y significa vida.*

D: ¿Tiene algún significado la estrella de seis puntas?

*A: Es la Estrella de David. Simboliza el judaísmo.*

D: Pero normalmente los amuletos no tienen esa letra.

*A: No. Él lo hizo expresamente para mí.*

D: Entonces es un objeto muy personal para llevar contigo.

*A: Si No se lo digo a casi nadie. (Risa avergonzada.)*

D: Claro, es personal. Y entiendo lo que significa para ti. Sería como llevar parte de tu hogar contigo. ¿Vais a tardar muchos días en llegar a donde vais?

*A: Me dijeron que sería una caminata de día y medio, dependiendo, supongo, de la energía y salud de todos, del calor y lo demás. Pero probablemente eso es lo que tardaremos.*

D: ¿Sabes qué rumbo tomaréis desde Jerusalén?

*A: Déjame ver... Parece que nos encaminamos... al este y al sur, sí.*

D: ¿Cómo es el terreno en esa dirección?

*A: Bueno... ahora mismo veo algunas colinas y arena. A medida que avanzamos, veo verde en la distancia. Y algunos árboles a lo lejos. Pero veo muchos espacios abiertos de desierto.*

D: Entonces hará mucho calor. ¿También es así el terreno cerca de Jerusalén?

*A: En Jerusalén, como tiene fuentes y agua, hay algunas zonas verdes, árboles y colinas. No todo es desierto.*

D: Parece que te queda por delante un pesado viaje. Pero si estás decidida a ir, es maravilloso. Bien, quiero dejarte para que continúes con tu viaje.

Después hice volver a Anna a su plena conciencia. Noemí se retiró, aguardando la siguiente ocasión en la que la haríamos salir para continuar con su historia.

La importancia de lo que Noemí quería hacer con su vida, la valentía que mostró al abandonar la casa de su padre, no destacó hasta que realicé la investigación de las costumbres de aquella época. En tiempos de Jesús, los judíos vivían estrictamente bajo la Ley, la Torá, o las Leyes de Moisés que se encuentran en los primeros libros del Antiguo Testamento. Estas leyes lo regían todo en su vida, y fue un punto de controversia entre los sacerdotes y Jesús. Le habían enseñado a interpretar la Ley de forma distinta y más justa cuando estudió con los esenios. Pensaba que en su severidad, los sacerdotes habían olvidado al individuo y que las circunstancias podían influir en la forma de aplicar estas leyes. El caso de cómo trataban a las mujeres en esa cultura es un ejemplo. En Qumran, hogar de los esenios, las mujeres eran tratadas igual que los hombres. Se les enseñaba todo lo que desearan aprender, y muchas se convertían en maestras. En Jesús y los Esenios descubrimos que Jesús tenía muchas discípulas, un aspecto que ha desaparecido de la Biblia en sus muchas revisiones y exclusiones.

Jesús hablaba a la gente común en parábolas. Presentaba sus enseñanzas bajo analogías que seguían un modelo de las cosas cotidianas que ellos podían entender y tener como referencia. A los discípulos de Jesús se les enseñaban las leyes metafísicas del universo, métodos para sanar y efectuar lo que se dio en llamar «milagros», porque tenían el adiestramiento para entender estas cosas. Es discutible si encontró a alguien con quien poder compartir todos estos conocimientos. En la Biblia no existe ningún indicio de que lo hiciera. Descubrió que las mujeres eran más capaces de entender sus enseñanzas por sus naturales habilidades intuitivas. Cuando llegó el tiempo de que sus discípulas salieran a divulgar las enseñanzas, supo que estarían en mayor peligro que los hombres, y decidió enviarlas con un compañero para su seguridad. El respeto de Jesús por las mujeres como iguales también explica su defensa de la prostituta que estuvo en peligro de ser apedreada. Todas estas cosas causaban fricción porque eran contrarias a las enseñanzas de la Ley. Esto puede entenderse al saber cómo eran tratadas las mujeres en la Palestina de aquel tiempo.

Según la Torá, la mujer era inferior al hombre. Las mujeres no participaban en la vida pública. Era conveniente y natural que una mujer (especialmente la no casada) permaneciera en el entorno hogareño. No debían salir de casa sin escolta, y cuando lo hacían, no debían llamar la atención en público. Los mercados y salas de consejos, tribunales de justicia, reuniones y asambleas, donde se reunía un gran número de gente —en pocas palabras, toda la vida pública— era característica de los hombres, pero no de las mujeres. Durante las grandes fiestas populares, que se celebraban en el Patio de las Mujeres del Templo, se reunían tales multitudes que se hacía necesario construir galerías para las mujeres, para separarlas de los hombres. Podían participar en el servicio de la sinagoga local, pero un enrejado a modo de barrera separaba la sección de mujeres, que tenían incluso su propia entrada. Durante el servicio, las mujeres sólo podían escuchar. Una mujer no tenía derecho a atestiguar en asuntos legales, porque la Ley era concluyente respecto a que mentiría.

Algunas de estas leyes eran difíciles de poner en vigor, por razones económicas. Muchas mujeres tenían que ayudar a sus maridos en sus profesiones, como vender mercancías o trabajar los campos. Sin embargo, una mujer no podía estar sola en los campos, ya que no era costumbre, incluso en la provincia, que un hombre conversara con una forastera. Jesús rompió muchas veces esta costumbre, para asombro de sus discípulos. Abiertamente conversaba con mujeres dondequiera que las encontrara. Las leyes de propiedad prohibían a un hombre estar a solas con una mujer, mirar a una mujer casada, y aun saludarla. Era motivo de deshonra para un hombre soltero hablar con una mujer en la calle.

Esta forma de entender las costumbres muestra también

que las mujeres se arriesgaban a ser condenadas y rigurosamente censuradas si se atrevían a burlarse de la tradición por el solo hecho de acudir a escucharle. Algo de esto puede explicar la atracción que las mujeres sentían por él. He aquí un hombre que las trataba de manera diferente, una manera en que nunca antes habían sido tratadas por ningún hombre. No es de extrañar que le amaran.

La educación de las mujeres se limitaba a las artes domésticas, especialmente cocina, costura y tejido, y el cuidado de los pequeños. La esposa y las hijas estaban totalmente bajo el control del hombre de la casa, sin ningún derecho. El deber de la esposa era la plena obediencia a su marido, y los hijos tenían que manifestar respeto por su padre por encima del respeto a su madre. Hasta la edad de doce años, el padre tenía pleno poder sobre una niña. Incluso podía ser vendida como esclava si era necesario. A la edad de doce años, se convertía en doncella con edad plena, y el padre concertaba su matrimonio. Su propiedad y absoluta obediencia se transferían entonces del padre a su marido.

Esta costumbre explica por qué a Noemí le preocupaba tanto su destino si permanecía en el hogar paterno. La edad normal para los esponsales de una joven era entre los doce y los doce años y medio, y el matrimonio solía tener lugar un año más tarde. Noemí se empeñaba en repetir que aún no tenía trece, y que no deseaba casarse y vivir una vida normal. Éste era el único futuro que podía conocer o esperar. Sabía que si no expresaba sus deseos, algo inusual en una mujer, quedaría atrapada en una vida que no podía soportar. Esto explica por qué su petición de dejar el hogar y seguir a su tío, Jesús, era tan extraordinaria. Seguramente no se la habrían concedido en circunstancias normales. Pero al desafiar abiertamente las costumbres de su gente, Noemí mostró que era una joven fuera de lo habitual. Esto explica también por qué insistía en cortarse el pelo y vestirse de chico. Si a una joven se le prohibía estrictamente dejarse ver en público sola, menos aún le estaba permitido viajar con un grupo de gente. También se disfrazaba cuando entraba a hurtadillas en las reuniones secretas. Estas cosas serían aceptables en un chico, pero nunca en una chica.

Las escuelas, como expliqué anteriormente, eran centros religiosos para el estudio y comprensión de la Ley. Exceptuando la lectura y escritura, no se enseñaba nada más. La educación era estrictamente para los niños judíos, no para las niñas. Por lo tanto a una mujer nunca se le permitía enseñar. Esta normativa puede parecer contradictoria con la vida de Abigail descrita en la primera parte de este libro, cuando fue asignada como maestra en el Templo. Pero Abigail dejó muy claro que no era judía, así que no estaba obligada por las leyes de la Torá. Esto puede explicar también las razones más profundas de por qué los sacerdotes parecían despreciarla, a ella y su sabiduría, y por qué pretendían sojuzgarla.

Sólo con este conjunto de circunstancias podemos apreciar plenamente la actitud de Jesús hacia las mujeres. Los Evangelios hablan de mujeres que le seguían, un hecho sin precedentes en la historia de aquel tiempo. Jesús deliberadamente echaba por tierra esta costumbre al permitir que esto ocurriera. Predicaba a las mujeres, dejaba que ellas participaran abiertamente e incluso hicieran preguntas, y Juan el Bautista las bautizaba. Jesús no estaba satisfecho con llevar a las mujeres a un plano superior al acostumbrado, quería traerlas ante Dios en pie de igualdad con los hombres. Todo lo que Jesús enseñaba era contradictorio y radical desde el punto de vista de la persona media de aquel tiempo. Fue necesaria mucha valentía para que hombres y mujeres llegaran juntos a sus asambleas y decidieran seguir su nuevo tipo de religión.

# 7 - La aldea de los leprosos

La lepra es una enfermedad muy antigua que data de tiempos bíblicos y probablemente anteriores. En su peor forma es verdaderamente horrible, y aún en la actualidad, las víctimas son aisladas en hospitales, colonias e islas. La causa es el temor asociado con esta enfermedad, puesto que es contagiosa, y los síntomas pueden crear lamentables condiciones físicas que persisten durante varios años antes de producir en último término la muerte del paciente.

Ahora se le llama enfermedad de Hansen, y sigue sin entenderse exactamente cómo se introduce el agente causal en el organismo, o cómo se transmite. Es infecciosa, pero se calcula que el período de incubación es de dos a veinte años. Actúa muy lentamente. Aunque la lepra se considera contagiosa, se da el caso frecuente de miembros de una misma familia que no contraen la enfermedad. Así que, si bien la lepra ha existido desde el principio de la histona conocida, sigue siendo una enfermedad misteriosa.

Para la gente de nuestros días es difícil entender el terror y el miedo que infundía la enfermedad entre la gente en tiempos de Jesús. Era tan horrible que la única solución era aislar a las víctimas, separándolas en un lugar distante del resto de la población. Allí podían vivir, pero sin ser vistos por los demás. Si la gente no los veía, podrían olvidarse de ellos. En tiempos de Jesús, el sufrimiento se consideraba un signo del enojo de Dios. Por tanto, a la gente no le importaba lo que le ocurriera a estos pobres seres humanos, mientras no tuviesen que relacionarse con ellos. La Biblia los llama «impuros», y la gente vivía con el temor de contraer la enfermedad. Las desgraciadas víctimas no podían curarse por medios ordinarios, y eran excluidas de la sociedad: una muerte pasiva. Sus aldeas eran esquivadas al igual que los individuos.

La Biblia describe los síntomas de esta enfermedad y las precauciones que debían tomarse, pero las descripciones son ambiguas. Actualmente casi todos los eruditos bíblicos admiten que se denominaba lepra cualquier mancha que señalara a la víctima como «impuro» bajo la Ley Hebraica. Los expertos médicos afirman que algunos de los síntomas no sólo describen la lepra sino una multitud de enfermedades comunes de la piel que no son ni contagiosas ni mortales. Algunas de estas enfermedades eran una clase de psoriasis, una enfermedad de la piel antigua y muy común. Es la más universal de todas las enfermedades de la piel, se encuentra en todos los climas y entre todas las razas. En algunos casos, entre los pobres o gente que vivía en condiciones antihigiénicas, se asociaba la psoriasis con otros trastornos infecciosos, especialmente la sarna o comezón. Puede adquirir rápidamente un aspecto pustuloso y dar origen a ulceración, imitando, de esta manera, un síntoma de la lepra.

Hay también varias clases de enfermedades de la piel, producidas por un hongo vegetal o parásito. La tiña común es un ejemplo bien conocido de esa enfermedad. Ninguno de éstos deteriora la salud general. También existen diversos hongos, como los que producen enmohecimiento común o putrefacción fungoide, que se autopropagan y afectan casas y ropas. Es probablemente lo que la Biblia define como la lepra de la casa y de la ropa. Tienen la apariencia de algunas de las variedades de psoriasis, y son contagiosas.

Pudo haber habido enfermedades en los tiempos bíblicos que actualmente desconocemos. Muchos individuos con diversos problemas de piel durante la Edad Media e incluso después, fueron a menudo considerados erróneamente como leprosos, y tratados como tales, recluyéndolos en hospitales para leprosos. Esto se hacía con tanta frecuencia, que a principios del siglo XVI, se emprendió una inspección en los sobrepoblados hospitales leprosos en Francia e Italia. En casi todos ellos, y en algunos casos en la totalidad de los enfermos, se encontró que padecían simplemente diversas enfermedades de piel, y que sólo una minoría tenía verdadera lepra.

De modo que era posible que gente con enfermedades no contagiosas ni mortales fuese incluida en la misma categoría y condenada al aislamiento con los leprosos. Los judíos no querían correr riesgos y cualquiera que tuviese un problema persistente de piel era declarado «impuro». Prevalecía el miedo, y a nadie se le ocurría acercarse a un leproso, m mucho menos tocarlo. La única excepción fue Jesús, porque aceptaba a todos como iguales. Él veía bajo la desfigurada apariencia externa y sabía que en ese cuerpo deformado moraba un alma humana indestructible.

La verdadera lepra es normalmente una enfermedad lenta y maligna. Al principio se manifiestan de forma definitiva dos características: la pérdida de sensibilidad de las fibras nerviosas que reparan la piel, y un estado de congestionamiento de diminutos vasos bajo la piel, presentándose como manchas circulares o erupciones de formas irregulares y tamaño distinto, en la frente, miembros y cuerpo; en rostro y cuello sólo aparece un enrojecimiento difuso. Estas erupciones pueden cambiar de color, y así pueden existir simultáneamente puntos rolos, purpura o blancos. En las primeras fases apenas hay dolor, y existe cierto grado de insensibilidad o anestesia en todos los puntos afectados. Los dedos especialmente se vuelven insensibles, se debilitan y adquieren un color marrón. Hay una serie de inflamac10nes que se ulceran y supuran.

En otros casos, las articulaciones se dislocan y los

126

dedos de manos y pies se caen. Finalmente los miembros se pierden y se crea una grave desfiguración de rostro y cuerpo, ya que los huesos y cartílagos son atacados y destruidos. Esta enfermedad produce una destrucción física en gran escala, ya que corroe lenta y gradualmente todas las partes del cuerpo. En muchos casos, casi todo indicio de forma humana queda destruido por mutilación y desfiguración. En tanto que se agudiza la pérdida de sensación ordinaria, con frecuencia hay ardor interno y dolores neurálgicos que producen gran sufrimiento. Las miserables víctimas pueden vivir diez o quince años a medida que la enfermedad avanza, y no se conoce cura alguna realmente efectiva. Los síntomas pueden ser tratados, pero la enfermedad en sí es incurable. El aceite de Chaulmogra ha sido considerado durante siglos el tratamiento más efectivo contra la lepra. En nuestros días, a pesar del desarrollo de nuevos medicamentos, el aceite de Chaulmogra y sus ésteres etílicos derivados siguen siendo ampliamente utilizados en muchas partes del mundo. Este aceite procede de las semillas del fruto de un árbol muy grande de la India. Es muy posible que este aceite fuese conocido y usado en Palestina, debido al activo comerc10 con países circundantes, incluyendo a la India.

En el Nuevo Testamento se mencionan doce casos de lepra, diez de los cuales deben ser considerados bajo un mismo apartado. En Lucas 17,12-19, Cristo curó a diez leprosos, y uno de ellos volvió para darle las gracias. En ninguna otra parte del Nuevo Testamento se menciona que Jesús fuese a las apartadas aldeas creadas especialmente para los leprosos. Sólo están esos pocos episodios en los que él se encuentra con ellos al azar. Quizá esto explica por qué no le repugnaban o no se sentía atemorizado por ellos. Había pasado, según mis propias indagaciones con Noemí, mucho tiempo entre ellos en sus hogares.

He querido entrar en todos estos detalles porque creo que una comprensión de esta enfermedad tan degradante hará más vivas las condiciones en las que Jesús y sus seguidores trabajaban.

Cuando Noemí dijo que el primer lugar al que iría el grupo de Jesús sería la aldea de los leprosos, empecé a ver la lógica en el pensamiento de Jesús. Había llegado al convencimiento de que su sobrina estaba decidida a ir con él. No podía quitárselo de la cabeza. Llevarla a un lugar como la colonia de leprosos, sería un «bautismo de fuego». Aquí estaría expuesta a gente digna de lástima con una enfermedad de la peor especie. Esto la fortalecería o la rompería. Se daría cuenta de que este tipo de trabajo no era placentero, sino que significaba estar expuesta al sufrimiento y aislamiento deliberado de la gente. No era casual que Jesús eligiera llevar a Noemí ante tal situación y exponerla primero a lo peor. Probablemente discurrió que si no podía soportarlo, ella suplicaría ser devuelta a la seguridad de la casa paterna. Creo que habría organizado su regreso, pero en ese caso ella lo decidiría y tendría que vivir con ello. No tendría que culpar a nadie excepto a sí misma. Había seguido el dictado de su corazón, y pronto descubriría si el camino del Nazareno era o no, su camino.

Cuando continuamos con la historia en la sesión de la semana siguiente, supuse que nada interesante ocurriría en el viaje de día y medio. Por esta razón hice que Noemí avanzara hasta el final del viaje.

D: Casi ha terminado el primer viaje después de salir de la casa de tus padres. ¿Qué haces? ¿Qué ves?

A: *Estamos entrando en la aldea de los leprosos. Veo un gran estanque de agua, y veo colinas. La aldea está protegida por las colinas de roca caliza. Ahora entramos en la aldea.*

D: ¿Tuviste un viaje pesado?

A: *Fue largo y con mucho calor, pero no tuvimos ningún problema, así que no fue tan difícil.*

D: ¿Saben los demás del grupo que realmente eres una chica?

128

*A: No, creen que soy un muchacho. Voy vestida con ropas de chico. Y aunque mi cara es un poco femenina, en esta edad es difícil notar la diferencia. Soy bastante delgada y fuerte, de modo que bien puedo parecer un chico.*

D: ¿Tienes otro nombre?

*A: No he... déjame ver. (Risa sofocada.) Ahora lo recuerdo. No lo había pensado, pero, claro está, es porque había muchas cosas en ml mente. Fui presentada y el Nazareno dudó. Pero luego me presentó como Nataniel. Natán.*

D: Natán. ¿Les dijo a los demás en todo caso que había un parentesco entre vosotros?

*A: No, dijo que era el hijo de un querido amigo, que trataba de descubrir si éste sería su camino.*

D: Eso fue muy diplomático. Me preguntaba qué sabían de ti los demás. Para él, esta vez serás Natán o Nataniel. ¿Dices que la aldea estaba protegida por las colinas?

*A: Sí. A ver si puedo explicarlo. Hay un grupo pequeño de colinas no muy altas de roca caliza. Yen la base de estas colinas está la aldea. El estanque tal vez proviene de un gran manantial. Se halla al otro lado de la aldea. Es una colonia reducida. Parece que hay un poco de vegetación, pero la región es bastante seca y desierta.*

D: ¿Está a mucha distancia de las otras aldeas o pueblos?

*A: Sí Eligieron este lugar por su distancia. A esta gente no la tratan bien, y necesitan un lugar donde poder vivir en relativa paz.*

D: ¿Por qué no son bien tratados?

*A: Esta enfermedad crea deformidades y mucho temor en los demás. Por lo general, las personas no suelen ser amables y apenas soportan ver a esta gente, especialmente cuando la enfermedad ha llegado a un punto crítico. Viven con el miedo al contagio de esta enfermedad.*

D: ¿Habías visto alguna vez un leproso?

*A: No. En realidad no tengo miedo, porque sé que estoy*

*donde debo estar. Y mis voces y mis plegarias me han dado fuerza para saber que debo servir. Y saber que estoy ayudando a curar, ya sea física o emocionalmente, me da fuerzas.*

D: Supongo que también te fortalece ver que a Jesús no le importa ir allí.

A: *Sí. Su falta de temor desvanece cualquier temor que pudiera tener.*

D: Y dices que había otros en el grupo, ¿verdad?

A: *Sí. Déjame que los cuente. Parece que son unos... doce.*

D: ¿Todos son hombres?

A: *Hay dos mujeres mayores. Creo que son mujeres que tienen conocimientos en sanación. Han hecho otros viajes con él. Quizá vengan expresamente cuando él visita esta aldea.*

D: ¿Crees que él ha estado antes aquí?

A: *Sí Visita una y otra vez distintos lugares. Viven con la esperanza de su regreso.*

D: ¿Tienes idea de cuánto tiempo permaneceréis allí?

A: *Creo que unos siete chas.*

D: ¿Vais a vivir entre la gente mientras él está allí?

A: *Montaremos nuestro propio campamento, pero será en la aldea. Y después debo estar a su lado, para aprender de los médicos. Seré simplemente un observador, un ayudante.*

D: ¿Entonces algunos del grupo son médicos?

A: *Sí Sé que las mujeres han estado presentes en nacimientos y ayudado en partos. Pero han asistido a médicos, así que ese conocimiento forma parte de su experiencia.*

D: ¿Crees que algunos de los hombres son médicos?

A: *No exactamente; esta vez no. Él no siempre puede conseguir médicos que quieran venir cuando se dispone a hacer el viaje. El conocimiento que tienen procede del trabajo con estos leprosos; y quizá han sido asistentes de los médicos, de modo que pueden continuarlo.*

D: Entonces normalmente cuando él hace estos viajes, lleva a

130

médicos con él.

*A: Si los encuentra y están dispuestos, sí.*

D: Sí, entiendo que incluso un médico tenga miedo. Entonces, ¿puedes avanzar un poco y decirme qué ocurre?

*A: (Suspiro.) Sí Bueno, tres de nosotros entramos en una casita. La familia que vive aquí la forman un hombre anciano y su esposa, y parece que hay también otras dos personas... El anciano... (Respiró con fuerza y emitió un sonido de repugnancia.) Vaya, vaya...*

Era obvio que Noemí se enfrentaba por primera vez a un enfermo afectado en las peores fases de la enfermedad.

*A: Trato de ser fuerte... (Con suavidad.) Pero me cuesta. Está en unas condiciones muy críticas. Parece que todo lo que se puede hacer en este momento es intentar aliviar su dolor, y que, con suerte, pronto haga la transición fuera de su cuerpo.*

D: Has dicho que tres de vosotros habíais entrado allí. ¿Jesús era uno de ellos?

*A: Sí, y una de las mujeres mayores. Trae un paquete con vendas y diversos polvos que mezcla, para ayudar a calmar algunas de las inflamaciones. Eso alivia un poco, pero no parece que pueda hacerse nada más para vencer realmente la enfermedad. Desde que estoy aquí la he visto en distintas fases. Y de vez en cuando esperas que no empeore. Pero esta gente hace lo que puede para vivir con fe y ayudarse unos a otros.*

D: Dices que este hombre está tan mal que sólo intentarán calmar su dolor. ¿Va a hacer eso la mujer?

*A: Sí, pero está aquí sobre todo para poner vendajes e intentar mitigar lo peor del deterioro. Jesús está orando y poniendo sus manos sobre el hombre. Y... es casi como si viese una luz que emana del rostro de este hombre. El*

*Nazareno le ha puesto las manos sobre la cabeza, en la coronilla, y veo esta luz brillante. Y después pone sus manos en el corazón del hombre. Se queda así en oración silenciosa sobre el hombre. Y veo ese destello dorado en la zona de su corazón. (Con mucha emoción.) ¡Oooh! Es difícil de describir.*

D: ¿Qué quieres decir?

*A: Es bellísimo, pero es más que eso. Te llena por completo. Llena totalmente cualquier vacío en tu interior. Y hace que todo se sienta cálido y amado, y no hay ningún vacío dentro. Es difícil expresarlo con palabras.*

D: ¿Quieres decir que sientes todo esto sólo con observarlo?

*A: Sí, sí. Y se puede decir que este hombre... su rostro está tranquilo... el dolor parece haber disminuido mucho. El Nazareno el otro día... levantó mi mano, y con su dedo trazó un círculo en las palmas de mis manos. (Realizó estos movimientos.) Y dijo: «Esto es también el corazón. El centro de tus palmas. En el centro está otro chakra corazón». Y por eso hay tanto poder de sanación en estas manos, porque esa energía pasa directamente por ahí.*

D: ¿Empleó él la palabra «chakra»?

*A: Corazón... centro. Corazón... ¿chakra? No estoy segura.*

D: ¿Quiso decir él tus manos, o las suyas?

*A: Creo que quiso decir las manos de todos. Tomó mi mano... y luego la otra, y dijo: «Estos también son centros del corazón». (De nuevo realizó los movimientos trazando círculos en el centro de sus palmas.)*

D: ¿Trazó un círculo en tus palmas?

*A: Sí. Quizá es sólo parte de mi enseñanza, porque siempre he sentido la energía y la fuerza allí. Y cada vez que él me tocaba era muy fuerte. Quizá si te das cuenta de la conexión, si eres consciente de la conexión, y se hace a través del corazón y con pureza, entonces la energía es sólo una conexión directa. Y esa energía del corazón es la medicina más eficaz de todas.*

D: Muchos no lo entenderían, ¿verdad?

A: *Imagino que no, pero a mí me parece lo más natural.*

D: ¿Quiere decir que además del corazón también existen otros centros del corazón en el cuerpo?

A: *Así me lo explicó. Eso es lo que entendí, y nunca había oído a nadie decir nada semejante.*

D: Quizá esto explica algunas de las formas con las que él cura.

A: *Cuando me lo decía, parecía sencillamente perfecto. Tenía mucho sentido. Luego, cuando lo observé, todo fue muy claro. Cuando ves a la gente, sabes que éste es un instrumento. Este pobre hombre tenta muchísimo dolor, y su rostro está en este momento muy sereno.*

D: ¿Crees que los que están en la habitación pueden sentir lo mismo que tú?

A: *No lo sé. Sé que deben sentir algo, porque... el silencio es muy distinto. Deben sentir la energía, o simplemente ver el amor y la atención que fluyen de él.*

D: Creo que es obvio para cualquiera que le observe que éste no es un hombre como los demás.

A: *No. Es tan consciente, tan en sintonía con su... (Le costaba encontrar las palabras.) Conexión con Dios, o con Dios dentro de él, o con el propósito de Dios. No sé la palabra justa. Pero creo que casi nadie se daría cuenta siquiera de cosas que son muy claras y sencillas para él.*

D: ¿Crees que es distinto a otros hombres?

A: *Es distinto por su sensibilidad y comprensión, y por su total falta de miedo. Está tan seguro de su sitio y de su deber...*

D: ¿Has oído alguna vez decirle a alguien que él es distinto de otros hombres?

A: *Sí. Hay gente que le convierte en algo semejante a un dios, porque tiene poderes y capacidades como yo nunca había visto. Sé que es de carne y hueso, pero sin embargo sé que su espíritu y su energía son distintos.*

133

D. ¿Has oído decir a la gente que creen que es como un dios?

A: *Sí. Porque cuando le ves hacer alguna de las cosas que hace, no hay otra manera de explicarlo. Y sin embargo, él se esfuerza por enseñar que todos somos capaces de ser lo que él es, y hacer lo que él hace. Pero creo que para casi todos nosotros es muy difícil encontrar la pureza de corazón y de deseo. Es muy duro estar en un camino como el suyo y que otras cosas no te desvíen de él como le ocurre a casi todos los hombres y mujeres.*

D: Sí. La parte humana de la vida hace que resulte muy difícil permanecer puros. En ese sentido él es distinto.

A: *En ese sentido él es como nadie.*

D: Me gustaría saber qué piensa cuando oye decir a la gente que es como un dios...

A: *(Risa.) No lo admite. Oh, le recuerdo diciendo —algo más o menos así— decía: «Hermano mío, yo no soy más que ti. Sólo reconozco lo que puedo ser y como puedo servir. Y tengo amor verdadero y fe en mi Dios». Trata de aclarar lo que cree que es su propósito.*

D: ¿Cuál cree él que es su propósito?

A: *Que fue enviado aquí para ser maestro de vida, un rayo de vida. Para ser un ejemplo de lo que la humanidad puede ser, y de los dones que tiene la humanidad. Y que la gente puede hacer lo que él trata de enseñarles.*

D: Para mí tiene sentido, pero tú sabes cómo es la gente. Resulta muy difícil hacerles comprender a algunos.

A: *Sí. Y la mayoría vive con mucho miedo a algo, o a muchas cosas. Mientras no disipen este temor, mientras tengan miedo de conocerse a sí mismos y escuchar a su corazón, no será posible llegar a su Interior. Tienen que descubrirlo ellos mismos.*

D: Sí, eso tiene sentido. (Volví a la escena que ella observaba.) Pero él trabaja con este hombre en la habitación, y luego el hombre ya no tiene ningún dolor. ¿Hace algo más en esa casita?

A: *No. Estuvo un rato con el hombre y luego se acercó a la esposa, y sólo sostuvo sus manos. Casi no pude oír lo que le decía, pero prometió que volvería. Y se marchó a hacer la siguiente visita.*

D: ¿Fuiste también con él a hacer esa visita?

*A: Sí. Fuimos... Oh, esto es muy triste. En el siguiente edificio al que entramos había niños que no tenían ni familia ni padres. ¿Ves?, no todos estos niños parecen enfermos. No se puede decir que tengan la enfermedad. Creo que podrían desarrollarla en diferentes etapas o en diferentes edades. Algunos tienen un aspecto sano. Y luego hay otros que están tan... corroídos. (Profundo suspiro.) Pero ésta es la casa de los niños.*

D: ¿Viven juntos en esa casa los que no tienen padres?

*A: Sí. Hay una enfermera o cuidadora que se queda con ellos todo el tiempo. Y hay otros ayudantes o asistentes que vienen durante el día.*

D: ¿Qué hace él ahí?

*A: Va hacia cada niño y... habla con ellos o... Siempre los toca. Veo cómo les acaricia el rostro, sonriendo amorosamente, y después les pone las manos. Pero se toma el tiempo para hablar con cada uno de ellos.*

D: ¿Puedes oír lo que dice?

*A: Oh. Hay una niña pequeña en un rincón y... él le pregunta cómo se llama y... (Amplia sonrisa.) Ella se sube a su regazo. Y la pregunta si se va aponer bien o si se morirá... Y él le dice que se pondrá bien, y que crecerá y ayudará a cuidar a los niños. Y que tiene que tener un corazón puro, un corazón amoroso, y no triste, porque ella está donde Dios la necesita. Y sabrá amar y... eso es lo que él le dice. (Todo esto dicho con una bella emoción.)*

D: Eso es muy hermoso. ¿Qué hace la pequeña?

*A: Simplemente se queda quieta mirándole fijamente. Y él la abraza y la pone en el suelo. Y ella sonríe. Y ahora se acerca a un niño, que sólo tiene una pierna. Y, oh, está muy enfermo. (Gran suspiro.) Pero Jesús se acerca y se arrodilla junto a él, y le pone sus manos encima. Y su pequeño rostro mira hacia arriba, y le corren las lágrimas por las mejillas. (Ella misma estaba casi llorando mientras contaba esto.) Pero el niño reconoce algo especial. Lo sé.*

Me era difícil ser imparcial. La narración era tan conmovedora que realmente me sentí allí, en presencia de toda esta sentida emoción.

D: ¿Pudiste ver algo esta vez? Pensaba en aquella luz.

A: *Oh, vi... me parece estar viendo siempre la luz. Quizá no tan intensa como antes. Había algo muy fuerte con aquel anciano. Pero cuando el Nazareno impone sus manos, siempre veo un pequeño destello que sale de ellas. Esta vez he visto el brillo cuando puso sus manos sobre la cabeza del niño, y su corazón, y sus piernas. Pero también veo el brillo, el halo dorado alrededor de la cabeza de Jesús... Es como un Pequeño semicírculo.*

D: ¿Siempre es visible?

A: *No, no siempre. Sólo a veces, cuando esta con alguien, otras veces lo veo cuando me mira. Pero no siempre es visible.*

D: ¿Ocurrió algo cuando puso las manos sobre este pequeño?

A: *Bueno, le alivió el dolor. Siempre parece mitigar el dolor de la gente. Pero eso es lo que Vi.*

D: Entonces no siempre ocurre un milagro cada vez que hace esto, o ¿cómo definirías tú un milagro?

A: *Creo que llamaría «milagro» al hecho de aliviar el dolor y de que se sientan en paz. Pero no ves que esta gente, que está tan enferma, se levante y camine o que les vuelvan a crecer partes de su cuerpo. El milagro es el amor y cómo les alivia el dolor. Y si han de mejorar,*

136

*mejoran. He oído decir que algunas de estas personas nunca se contagian. Y a veces la lepra se detiene, y no saben por qué. Pero normalmente sigue avanzando, y todo lo que puedes hacer es aliviar el dolor.*

D: Entonces adquiere distintas formas en distintas personas.

*A: Sí. Y a veces si aceptan su energía... es tal vez la gente que tiene más fe o más fuerza en lo que sienten que viene de él, quizá a esta gente le resulta más fácil. Sin embargo, él me ha dicho que todos tienen su momento para ser devueltos a la Fuente. Podrían estar en este cuerpo sólo por un tiempo, así que es difícil saber.*

D: Eso tiene sentido. ¿Cómo explica él que la gente tenga que sufrir de ese modo?

*A: El cree que es parte de la evolución del individuo. Es muy difícil de explicar cuando ves que la gente sufre tanto y se va corroyendo. Pero él sabe que existen razones para todo, y que en todo hay una lección que aprender, que nada ocurre por casualidad. Quizá ellos crearon este aprendizaje en un tiempo anterior, cuando anduvieron aquí en otra forma. Por eso a los que sufren o están enfermos, se les permite a veces marcharse antes que a otros, porque han concluido su lección.*

D: ¿Piensa él que los seres humanos han vivido en otras formas?

*A: No lo dice exactamente así, pero dice: «Cuando estuvieron aquí antes. Cuando aprendieron lecciones anteriores». Lo dice de modos distintos. Pero comprendes que Él cree que visitamos esta Tierra más de una vez, para aprender y para servir. Y que venimos con una misión de Dios cada vez que venimos. Es para ayudarnos a aprender y a acercarnos a lo que nosotros, como humanos, debemos ser. Así que no hay separación.*

D: ¿Es lo mismo que te enseña tu religión?

*A: No. En mi ambiente cultural nunca había oído cosas como las que le he oído decir. Y sin embargo cuando las oigo de él, suenan tan evidentes, tan perfectas, tan conocidas... Sé que él ha estuchado en muchos sitios con muchos maestros sabios. A él le han hecho tomar consciencia de muchas más cosas.*

D: Sí, muchas más que a un rabino medio.

*A: Sí. Ellos no quieren escuchar nada nuevo. Pero él recorre su propio camino, y enseña sus propias creencias.*

D: Quizá ésta es una de las razones por las que no siempre está de acuerdo con el Templo.

*A: Sí. Ya los rabinos esto los llena de angustia y de miedo al ver sus creencias zarandeadas, que se ponga en duda su poder y su autoridad. Y él es capaz de hacerlo de un modo que no es necesariamente poderoso ni violento. He aprendido que hay muchas clases de miedo, que te impiden ver claramente o sentir la verdad o la luz. Tienes que ir quitando el miedo capa tras capa. Y creo que eso puede prolongarse durante muchas vidas.*

D: Ahora entiendo por qué los rabinos le temen. Una persona corriente no desafiaría su autoridad, ¿verdad?

*A: No, porque nos han educado en la enseñanza de que: «Ésta es la verdad. Esta es la Ley, y no debes ponerla en duda o desafiarla».*

D: Deben de creer que es una persona poco común, para desafiarlos.

*A: Sí. Muchos de ellos, pero no todos. Hay algunos que son más sabios y bondadosos. No hablan por él, pero tampoco en su contra.*

Volví a la escena que ella observaba.

D: ¿Hace él algo más en la casa con los niños?

*A: Oh, sólo los visita. Más tarde saldrán y estarán con él junto al manantial. O tal vez, los que pueden, caminen con él.*

D: Eso es bueno. ¿Hiciste alguna otra cosa ese día?

*A: Oh, acompañé a la mujer mayor en alguna de sus tareas.*

*(Insegura de la palabra.) Y le ayudé con los vendajes y mezclando polvos. Sólo ayudé a limpiar y a hacer que la gente se sintiera más a gusto.*

D: Entonces no te quedaste con Jesús todo el tiempo. También hay otras muchas cosas que hacer. Bien, parece que estás haciendo lo que querías. ¿Estás contenta de haber venido, o lo lamentas?

A: *¡Oh! Estoy muy contenta. Es lo que debía hacer. De eso estoy muy segura. No deseo hacer ninguna otra cosa. Como he dicho, si me hubiese quedado en casa de mis padres, si me hubiese casado e intentado tener una familia, habría decepcionado a muchas personas. Porque si vas contra tu corazón y tu intuición, a la larga, te alcanza. Tendrás que enfrentarte a ello, y por lo general, se sufre. De modo que es preferible ser sincero, y quizá causar un poco de sufrimiento al principio. Pero saber cuál es tu verdad y dónde debes estar es siempre lo mejor.*

D: Creía que al ser tan joven y no haber viajado mucho por el mundo, te resultaría difícil ver a gente que está tan horriblemente enferma.

A: *Es difícil, porque nunca había imaginado que fuera así Pero existe ese abrumador sentido de saber que eres necesaria y útil. Y dar, al igual que recibir, me llena completamente. No necesito nada más.*

D: Eso está bien, porque muchas jóvenes querrían irse a casa después de ver algo así.

A: *No. Por lo que a mí respecta, quiero llegar más allá. Quiero aliviar sus dolores de todas las formas que me sean posibles.*

D: Eso es admirable.

A: *No. No sé cómo explicarlo. No podría haber hecho ninguna otra cosa en esta vida. Necesito esto. Lo necesito tanto como cualquiera al que podría ayudar, porque no existe ninguna otra cosa que me llene.*

D: Muy bien. Bueno, ahora nos adelantaremos a los días

siguientes, para ver si sucede algo de lo que quieras hablarme mientras estás en la aldea. Un acontecimiento o algo que Jesús hace y de lo que quieras hablar. ¿Puedes encontrar algún hecho?

A: *Veo un momento más agradable en el que estamos reunidos junto al manantial. Hace un día hermoso, y muchos de la aldea están afuera con él Le veo de pie, con las manos levantadas, y habla. Se mueve y saca un vaso de agua... y se lo da a una de las mujeres que están allí. Ella bebe el agua. Y él le pone las manos en la cabeza. Le dice: «Hermana mía, la luz de Dios está en ti Esta energía fluye a través de ti. Encontrarás fuerza, y te liberarás de esta enfermedad. Porque te necesitan de otra manera». Y veo a la mujer allí en trance... Siento la brisa fresca... Y recuerdo que el tiempo pasa. El se sentó frente a ella. Y veo sus manos levantadas así. (Levanta sus manos con las palmas abiertas hacia afuera.) Veo el brillo que sale de su corazón y le rodea la cabeza, y en sus manos, en el centro de sus palmas. Ella abre los ojos. Y en ellos hay una forma de mirar distinta, más serena... Y llora. Toma su mano y la besa, y le da las gracias, porque sabe que se ha efectuado en ella una transformación... Dice que ha oído una voz que le hablaba. Y sabe que su lugar es estar en la aldea, y recibir capacitación para ser médico y así poder ayudar a sanar y a dar consuelo a los que lo necesitan.*

D: ¿Crees que ha sido sanada de su enfermedad?

A: *Me parece distinta. Hay algo patente en su forma de mirar. Es una mirada serena. Una clase distinta de luminosidad. Hay un cambio, pero no sé expresarlo con exactitud. Sé que sus piernas estaban afectadas, pero no sé, dentro de ella, hasta qué punto estaba afectada. Ya lo veremos. Pero no es la misma persona.*

D: ¿Había en ella algún signo visible de la enfermedad que hubiese cambiado?

A: *En sus piernas, lo recuerdo porque le costaba andar. Pero no la he visto levantarse o moverse. Simplemente se quedó allí, en el mismo sitio, besó sus manos; veo cómo brotan sus lágrimas. Lágrimas de amor y de gozo. Pero en el rostro, su mirada es distinta. Algo ha cambiado claramente en su persona. Creo que a veces los cambios físicos aparecen más lentamente; no siempre ocurren de inmediato. Lo inmediato fue su mirada, totalmente distinta. Una mirada llena de paz, de luminosidad.*

D: Quizá el cambio físico surgirá lentamente después de un tiempo.

*A: He oído que eso sucede. Y espero que le suceda a ella.*

D: Entonces, en ocasiones él no sólo hace desaparecer el dolor. Trabaja de diferentes formas.

*A: Sí. Dice que todos tienen su propio propósito, su propio plan. Y esta gente necesita toda la fuerza de unos y otros para seguir adelante. Si pueden ver que dentro de su propia aldea la gente se recupera y ayuda, eso en sí es sanación para los demás.*

D: Sí, lo es. Entonces, ¿piensas que él puede ver cuál es su camino?

*A: A veces puede verlo. Cuando toca a la gente, siento que obtiene imágenes claras o pensamientos claros. Y él sabe enseguida lo que deben hacer. Llega la claridad.*

D: Da la impresión que sabía que esta mujer debía hacer algo más.

*A: Sí. No siempre veo que ocurra de ese modo. A veces las cosas suceden y m siquiera lo sabremos. No existe ningún plan. Ocurre en diferentes momentos; no hay una pauta determinada.*

D: Quieres decir que cuando os vayáis de allí, podría suceder algo, y ni siquiera lo sabríais. Bien. Ahora, vayamos a otro episodio que haya sucedido mientras estabas allí. ¿Ocurrió alguna otra cosa interesante?

*A: (Pausa.) Pues, algo que fue muy especial. Pero yo... ¡Oh sí!, le vi tomar las vendas y los polvos y aplicárselos en el rostro a un hombre cuyas mejillas le estaban*

141

*corroyendo. Hizo esto y después mantuvo allí sus manos y oró. Y cuando volvió al día siguiente para ver cómo se encontraba el hombre, el cambio fue que... (Suspiro.) Es difícil hablar de ello porque sencillamente no parece real. (Con asombro.) Ocurrió que... las mejillas volvieron a recuperar su forma. La enfermedad seguía allí, pero nunca había visto el efecto de los polvos cuando las mujeres los usaban. Siempre ayudan. Siempre alivian el dolor; sobre todo si hay mucha infección, se nota la diferencia. Pero este hombre movía la boca y bebía sin ningún dolor, y había en él... una mirada transformada, igual que con aquella señora. Y creo, que a veces el Nazareno lo sabe... quizá capta un pensamiento claro o una imagen. Tal vez sabía que éste era el camino de ese hombre, él ya había avanzado mucho espiritualmente. Quizá de algún modo, la energía de su corazón conectada con el Nazareno, es tan fuerte que afecta a lo físico. Y el rostro de este hombre se fue reconstruyendo, aunque la enfermedad siguiera allí. Pero era como una persona distinta, había una mirada distinta en él. Podía mover y usar la boca, sin sentir ningún dolor. Sí, fue un gran milagro. Todo lo que hace son milagros. Creo que todo podría ser un milagro.*

D: Sólo que no siempre ocurre de la misma forma.

A: *No. Y te asusta. Aunque tal vez no sea ésta la palabra adecuada. Pero al hablar de que se ha visto algo semejante, casi parece menos real. A veces, si lo guardas para ti misma, sabes que está a salvo, y seguirá siendo de la forma que lo presenciaste.*

D: Porque es muy difícil de creer.

A: *Pero fue... tan especial...*

D: ¿Todo el que entra en contacto con él recibe ayuda, o hay algunos que no la reciben en absoluto?

A: *Creo que todos se sienten aliviados. Oh, no siempre dura.*

*Pero puedes ver que el dolor disminuye cuando él los visita y los toca. Es raro que la enfermedad cambie, pero siempre se sienten mejor aunque sea sólo durante poco tiempo.*

D: Me pregunto si hubo gente que no recibió ninguna ayuda.

A: *Oh, es posible, pero yo no la he visto. Le he visto poner sus manos y hablarle a esta gente. Parece haberlos ayudado aunque sólo haya sido durante poco tiempo.*

D: Entonces a todos se los ayuda en diferentes grados. ¿Estuviste allí en la aldea durante siete días como esperabas?

A: *Sí.*

D: ¿Qué hiciste después?

A: *Vamos de camino a otra aldea.*

D: ¿Volverás a tu casa?

A: *No. Creo que este viaje durará tres períodos más de siete días. Hay algunas zonas que él quiere visitar.*

D: ¿Sabes algo de lo que encontrarás en el siguiente lugar?

A: *Es una aldea donde tiene muchos seguidores. Le piden que vaya para hablar en público y exponer su palabra.*

D: ¿Está muy lejos?

A: *Déjame ver... serán dos chas.*

D: ¿Has oído mencionar algún nombre de los componentes del grupo con los que has estado todo este tiempo?

A: *Sí. Está... Juan, Ezequiel y Jeremías... David. (Pausa mientras piensa.) No estoy segura.*

D: Ahora que has estado entre ellos, pensé que ya sabrías algunos de sus nombres. Me has hablado de lo que hacían las mujeres. ¿Qué hacían los demás hombres en este tiempo?

A: *Bueno... verás, no estuve en contacto con muchos de ellos. Creo que algunos le ayudaban haciendo reparaciones y construyendo, y otros son escribas y maestros. Hay otros con los que realmente no he tenido ningún contacto, o que ni siquiera he visto. Creo que tienen tareas específicas, distintas formas de ayudar. Algunos salen en solitario y rezan o estudian, por eso no siempre los veo.*

D: Eso tiene sentido, porque debe de haber muchas maneras de ayudar en una aldea en la que todos están tan enfermos. No podrían hacer reparaciones, así que los hombres ayudan de esa forma. Y si eran maestros, probablemente trabajaban en otras zonas de la aldea.

Parecía muy práctico. En la interpretación de las narraciones bíblicas de Jesús y sus discípulos, da la impresión de que le seguían de un lugar a otro escuchando e intentando aprender de él. Para mí, esta versión se acercaba más a como pudo haber sido realmente. Era de sentido común que Jesús se rodeara de personas que tuviesen diferentes habilidades, para poder trabajar de un modo práctico con la gente con la que entraba en contacto. Después de todo, vivían un mundo real lleno de dificultades. También demuestra que Jesús no esperaba realizar milagros constantemente. Llevaba consigo a médicos (hombres y mujeres) que empleaban sus polvos y pociones para curar. No sólo confiaba en sus poderes. Nuestra versión bíblica siempre le ha hecho aparecer como un ser omnipotente, que no necesita a nadie. Creo que era mucho más humano de lo que siempre hemos creído. Si no necesitaba a nadie, entonces también podía haber reparado edificios milagrosamente. Los discípulos y seguidores hacían todo lo que podían para ayudar, y no se sentaban ociosamente observando al maestro realizar sus obras.

D: Parece que Jesús se rodeaba de muchas clases de personas en sus viajes.

*A: Sí. Normalmente es gente que también le busca. Muchos de ellos sienten la necesidad de servir y de dar, en aquello que mejor saben hacer. Así que siempre aparecen cuando se los necesita, y él siempre acaba encontrando a la gente que necesita.*

D: ¿Tiene Juan algunas obligaciones especiales?

A: *Según parece está siempre muy cerca de Jesús, e intenta ser sus otros ojos y oídos. Mantiene el hilo de las cosas para que los que necesitan verle lo consigan, y se asegura de que él llega a las asambleas. Juan organiza muchas de las actividades y asambleas.*

D: ¿Quieres decir que se adelanta al grupo y arregla todas estas cosas?

A: *A veces sí. Depende del tipo de viaje. Pero una vez que llegamos a un lugar, se ocupa de que se cumpla el programa previsto, asegurándose de la realización de las cosas, También llama la atención del Nazareno sobre algún asunto que él deba saber.*

D: Entonces sabrá cuando alguien quiere tener una reunión o una asamblea.

•

Ésta fue otra idea práctica que la Biblia no presenta. Juan era algo así como un relaciones públicas. Jesús no podía ir sin más de un lado a otro, de aldea en aldea: necesitaba de alguien que fuese por delante para asegurarse de que todo estaba dispuesto, y comprobar que no hubiese ningún riesgo.

D: La aldea a la que vais, donde dices que hay otros grupos seguidores suyos, ¿cómo se llama? ¿Has oído que se dijera cómo la denominan?

A: *Suena como... Bar-el. (Ella lo repitió y yo lo pronuncié con ella.)*

D: Y estaréis allí dentro de dos días. Será diferente. Allí no habrá tanta gente enferma. Bueno, te ha iniciado en el camino enseñándote lo peor, ¿no es así?

A: *Sí. A mí me parece bien, ¿sabes?*

D: Quizá la sabiduría que se esconde detrás de esto era que, si no pudieras soportarlo, él lo sabría enseguida. (Ambas reímos.) ¿Te parece bien si vuelvo en otro momento a hablar contigo? Porque me encanta oírte contar sobre tu viaje y tus historias. Yo también quiero aprender.

*A: Igual que yo.*

D: Y quiero aprender tanto como sea posible sobre este hombre; ya ves, tú también me ayudas.

Después hice volver a Anna a su plena consciencia. Dejé en marcha la grabadora mientras me contaba algunas de las cosas que recordaba de la sesión.

*A: Estoy recordando que la gente que no se cura o no mejora, no se enfada con los que sí lo hacen. Ahora mismo, estando todavía muy claro el recuerdo, me llega una sensación muy fuerte respecto a eso.*

D: ¿No hay resentimiento?

*A: No. Y por alguna razón ese pensamiento surge en mi cabeza, porque ahora mismo lo encuentro extraño.*

D: Bueno, ¡todo esto es bastante extraño! (Risas.)

*A: Quizá bastaba que cualquiera de los que entraban en contacto con él sintiera ese alivio, esa sensación de llenarse completamente... aun cuando sólo fuese un momento. Tal vez el hecho de establecer contacto con esa sensación les diese el suficiente gozo por su compañero como para desvanecer cualquier tipo de resentimiento que pudiese haber.*

D: Eso demuestra que todo lo que él hacía era contrario a la naturaleza humana.

*A: Trato de comparar esto con cualquier otra regresión que hemos hecho. Es lo mismo, pero mucho más... comprometido y emotivo, diría yo. Quizá una parte se queda conmigo. Creo que cada regresión me ha enseñado una lección sobre algo. Me siento realmente bien respecto a ésta, porque creo verlo muy claramente. Quiero decir, ese hombre era para mí algo muy real. Y te digo una cosa, cuando miraba aquellos ojos —aún lo estoy sintiendo— estaba completamente llena. Nunca*

146

*antes había conocido esa sensación, estar tan completamente llena de satisfacción y de amor, siempre había existido ese pequeño punto vacío dentro de mí, pero ha desapareado.*

D: ¿Ya no lo notas?

*A: Bueno, desaparece cuando estamos trabajando. No ha desapareado en esta vida. Pero... siempre está ahí ese punto vacío, pequeño y persistente. Cuando estaba con él y le miraba a los ojos, era la sensación emocional más plena que jamás haya tenido.*

Aunque Anna lo expresaba de manera diferente, estaba describiendo esencialmente la misma emoción que sentía Mary. Aparentemente éste era el maravilloso efecto que Jesús producía en la gente.

*A: Cuando hago regresión, me parece natural estar allí, pero luego, cuando estoy despierta, sería lo último en lo que pensaría. Realmente me estoy sintiendo muy emocionada, pero tiene un efecto purificador. Quiero decir, que me siento muy relajada.*

D: Bien, no podrías desear una sensación mejor.

Este punto que surgió en la sesión era interesante: el hecho de que Jesús no sanaba a todos los que encontraba. Esta idea apareció también en Jesús y los Esenios. Podía aliviar el dolor y el sufrimiento de gran parte de los que contactaba, pero un total alivio de los síntomas y una completa recuperación de la enfermedad o incapacidad eran poco frecuentes. Hubo muchas ocasiones en las que no se recibía ninguna curación, y Noemí dejó claro que esto no estaba en manos de Jesús. Tenía que ver con el karma y el destino en la vida de la persona. Ni siquiera él podía ir contra las fuerzas superiores que controlan esas cosas.

147

# 8 - La aldea a orillas del Mar de Galilea

La siguiente semana, cuando empezábamos la sesión, regresé a Anna (como Noemí) al tiempo en el que viajaba con Jesús.

D: Volvamos al momento en que salías de la aldea de los leprosos con el Nazareno y el resto del grupo, en el primer viaje que hiciste con él. Ibais a otra aldea donde dijiste que se encontraría con otros de sus seguidores. Contaré hasta tres y estaremos allí. Uno... dos... tres... estamos llegando a la segunda aldea en tus viajes con el Nazareno. ¿Qué hacéis en este momento?

A: *Estamos llegando a la aldea situada a orillas de un lago. El Lago de Kennaret (fonéticamente), y tenemos una reunión con los seguidores, los que creen en esta forma de vida, en estas enseñanzas. Nuestra estancia aquí, por lo que puedo entender, tiene la finalidad de difundir la palabra y reforzar a los nuestros.*

Escribí el nombre del lago fonéticamente. Más tarde, cuando tuve oportunidad de ver un mapa en la parte final de mi Biblia, descubrí que el lago de Kinnereth se llamaba también Mar de Genesaret o Chinnereth, en correspondencia cercana a mi ortografía fonética. Pensé que esto era extraordinario. Es la acepción judía para el Mar de Galilea. Nunca había oído nombrar este lago con otro nombre. Descubrí en mi investigación que en hebreo y en arameo, «yam» puede significar tanto mar como lago, y que la traducción griega de la Biblia lo imita.

Anna había tenido dudas respecto a la validez del extraño material que salía de su subconsciente durante estas sesiones. Después de hacer este descubrimiento se lo conté, y tampoco reconoció el nombre de Kinnereth. Le dije que era el nombre antiguo del Mar de Galilea. Entonces preguntó con rostro impávido: «¿Qué es el Mar de Galilea?». Esto era totalmente inesperado. Por un momento me quedé perpleja, porque me daba cuenta de la importancia de su pregunta. Todo cristiano conoce el nombre de este lugar bíblico por estar tan vinculado a la vida de Jesús. Esto disipaba toda duda de que Anna poseyera un conocimiento rudimentario de la vida de Jesús o del Nuevo Testamento. Cuando se lo expliqué, se sintió mejor porque parecía proporcionarle la prueba que necesitaba para convencerse de que esta información definitivamente no provenía de su propia mente.

D: ¿La gente del pueblo es en su mayoría creyente, o también aquí tenéis que actuar a escondidas?

A: *Aquí hay un grupo considerable. Hemos de mantenemos moderadamente discretos, pero no hay peligro. Es un pueblo más pequeño, y al parecer la gente que vive aquí tiene una forma pareada de pensar. Así que estaremos a salvo.*

D: ¿No resulta peligroso reunirse abiertamente?

A: *No, porque aquí parece haber comprensión. A primera vista es sólo un pequeño pueblo, pero son muy prudentes respecto a las enseñanzas.*

D: ¿Te ha dicho alguien el nombre de este pueblo?

A: *Esta es la aldea situada junto al Lago Kinnereth.*

D: ¿Es el único nombre que conoces? ¿Hay algún lugar

determinado en la aldea a la que vais?

*A: Sí. Hay una zona junto al lago. Primero iremos al lago para asearnos. Esta limpieza es necesaria tanto para el cuerpo corno para el espíritu. En un lugar de la orilla hay algunos acantilados muy pequeños. Y dentro de estos acantilados hay salas de reunión. No todos los conocen, porque tienen falsos frentes. Es allí donde celebraremos nuestra reunión, pero parece que nos quedaremos a orillas del lago.*

Más tarde investigué sobre esta zona cercana al Mar de Galilea. Hay muchos lugares donde los montes y acantilados descienden prácticamente hasta la orilla del lago. Esto era especialmente cierto en Magdala (el hogar de María Magdalena), donde el camino costero serpentea por la escarpada pendiente montañosa. En la zona de Arbeel, hay unas cuevas de las que se dice que fueron escondites de criminales o refugiados políticos durante el tiempo de Cristo. Algunas eran cuevas naturales, ampliadas para ser utilizadas como refugios; otras estaban tan altas sobre los acantilados que prácticamente eran inaccesibles al descubrimiento por parte de los soldados.

Durante el tiempo de Cristo, Galilea era una de las zonas agrícolas más fértiles de la Tierra. Hacia el año 680 d. de C. la zona del Mar de Galilea tenía grandes bosques. Pero los árboles frutales tan elogiados por el historiador Josefo han quedado reducidos a míseros restos de sus antiguas selvas. Los bosques, casi en su totalidad, han desaparecido y han sido sustituidos por dispersos estadios desérticos en muchos lugares. En tiempos de Jesús el valle tenía un penoso clima caluroso en los alrededores del lago, porque las montañas no dejaban correr la brisa marina. En invierno las colinas y orillas reverdecían, pero durante el largo verano una deprimente aridez se extendía por todo el lugar.

Se ha comprobado que se puede hacer el viaje a pie desde Jerusalén hasta el Mar de Galilea en tres días. El valle se evitaría durante el verano a causa del excesivo calor. El viaje se haría normalmente durante el invierno y a principios de la primavera, cuando el clima es templado y es posible dormir a la intemperie. En todas las estaciones el Valle del Jordán sería una ruta aconsejable a personas que no quieren ser vistas en las ciudades, por temor al gobierno o por otras razones.

La Biblia afirma que Caná, en Galilea, era uno de los lugares preferidos de Jesús. Los historiadores piensan que Caná era el sitio propicio para todo aquel que quisiera organizar una revuelta, pero que tuviera enemigos poderosos en ciudades más grandes, y por lo tanto no debía tener un domicilio permanente en ningún sitio. Ésta sería otra razón para las idas y venidas de Jesús. Era peligroso permanecer demasiado tiempo en un mismo lugar, a menos que se supiera con seguridad que allí estaría a salvo.

Los relatos de sus obras se extendieron rápidamente fuera de Galilea a toda Palestina. Se daba por hecho que Galilea tenía estrechas conexiones con todos los lugares de Palestina, de modo que la información relacionada con Jesús llegaba rápidamente a todos los rincones del país. Por lo tanto, los que se hallaban en el poder en Jerusalén estaban bien informados de sus actividades subversivas, pero no sentían la necesidad de detenerle mientras permaneciera fuera de las grandes ciudades. O a menos que hubiese evidencia de que instigaba a la rebelión.

La investigación ha revelado que en esta zona había literalmente cientos de pequeñas poblaciones y aldeas cuya existencia no constaba en la historia; o al menos no se hace mención de ellas que haya llegado hasta nosotros. Había muchas grandes ciudades que existían en tiempos de Cristo que nunca fueron mencionadas en la Biblia, por tanto no debe sorprendernos que las pequeñas hayan desaparecido de la vista y de la historia. Creo que esta descripción histórica del Valle del Jordán y del Mar de Galilea encaja exactamente con los lugares descritos por Noemí.

D: Creí que os quedaríais en la casa de alguien.

*A: Creo que han preferido hacerlo así por razones de seguridad. Cuando sólo cuentas con un puñado de gente puedes hacerlo. Pero aquí el grupo es grande.*

D: Me has dicho que Juan va por delante y lo organiza todo.

*A: Sí. Cuando se ponen en marcha en sus cuajes tienen una idea bastante clara respecto adónde los llevará a cada uno. Quizá se desvíen de su camino de vez en cuando, dependiendo de la importancia de lo que deban hacer. Pedro Juan suele tener las cosas preparadas, para que vayan con la mayor facilidad y seguridad posibles.*

D: Entonces os reuniréis en una de las salas en este acantilado. ¿Cuándo será esta reunión?

*A: Parece que esta reunión será mañana muy temprano. Esta noche descansaremos, y nos reuniremos al alba.*

D: ¿Tenéis problemas para conseguir comida?

*A: No. Se nos proporciona alimento y traemos algunas provisiones. Tratamos de no ser una carga para nadie. Aceptamos lo que quieran regalarnos, ya sea comida o techo, pero podemos ser autosuficientes.*

D: Entonces, adelantémonos hasta esa mañana en que ha de tener lugar la reunión, y dime lo que ocurre.

*A: Nos conducen hasta esta sala. Han cubierto el frente de uno de estos acantilados con algunas piedras y árboles. Han hecho un buen trabajo. Y veo cómo se abre este acantilado. Hay algunas esteras de paja por el suelo, y velas. Y... algunos bancos de madera y mesas. El grupo parece bastante grande. Puedo ver aproximadamente unas cuarenta personas. Y está bien, veo una mezcla de hombres y mujeres.*

D: ¿La sala puede dar cabida a todos ellos sin estar atestada?

*A: Sí, es un espacio grande. La abertura es engañosa... pero entras y es una gran sala. La han afianzado, la han habilitado con diferentes materiales para asegurarse de*

152

*que no haya peligro. Parece haber un pequeño corredor en la entrada y tal vez otros espacios más pequeños hacia un lado.*

D: ¿Es una especie de cueva natural?

*A: Sí. Parece como si la hubiesen despejado de una acumulación de tierra. Y había una... habitación natural allí. Y luego un caminito natural y... parece como si pudiera haber otros espacios más pequeños en la parte de atrás.*

D: Es probable que no haya ventanas, pero habrá velas, ¿no?

*A: Así es.*

D: Y toda esa gente ha venido para escucharle. ¿Puedes decirme qué ocurre? ¿Tienen alguna especie de ceremonia o realizan algún ritual?

*A: La persona encargada de esta reunión se interesa mucho por el bienestar del Nazareno. Porque les llegan comentarios de mensajeros de que sus enseñanzas se están extendiendo por todas partes. Y que el gobierno empieza a sentirse incómodo.*

D: ¿No les gusta su popularidad?

*A: Eso es. Ni la idea de que la gente pueda pensar por sí misma y elegir su propio camino. Hay gente que no siente simpatía por él, tanto en el Templo como en el gobierno. Así que este grupo sólo habla de lo que les interesa, y de la forma de continuar con su trabajo. Pero él se levanta y habla, y dice que no deben tener miedo, porque él hace su camino dirigido por Dios, su camino del corazón. Y no teme a nada. El único temor que podría tener es no poder enseñar y llegar a toda esa gente que él necesita en su vida.*

Esto fue dicho lentamente, con Interrupciones, como si primero oyera las palabras y luego fuese repitiéndomelas en frases cortadas.

D: ¿Entonces no teme esos rumores m a esta gente que está contra él?

A: *No. En nada afectará lo que él hace con su vida, porque sabe que camina con Dios. Y Dios crece desde dentro. La luz eterna no sólo está en el Templo, la luz eterna está en el corazón. Yesa llama eterna nunca se apaga, aunque dejes la existencia física. Así que seguirá caminando y enseñando lo que él cree que es justo. Enseñará lo que cree que es su razón de existir.*

La luz eterna que ella menciona, era esa luz que nunca se extinguía, ubicada en el patio interior del Templo.

D: De todas formas querían advertirle.

A: *Sí. Parece que la tensión aumenta, y de vez en cuando nos llega este tipo de rumores. Pero luego las cosas se calman durante un tiempo. Y, ¿sabes?, el gobierno es muy veleidoso. Si algo les preocupa demasiado, sólo se les ocurre sacar un nuevo impuesto.*

D: (Risa.) Ésa es su reacción.

A: *Sí, es su manera de hacer daño y de manipular. Si sucede algo especial, o se gana una batalla, se preocupan. Luego las cosas se desvanecen, porque el centro de atención cambia a alguna otra cosa.*

D: ¿Y los sacerdotes están de acuerdo con lo que dice el gobierno?

A: *¿Los sacerdotes? Los sacerdotes y los rabinos no se ponen de acuerdo. Los sacerdotes romanos sí. Los rabinos hacen lo que deben para sobrevivir, pero no están ni a favor del gobierno ni a favor del Nazareno. Así que...*

D: (Risa.) Están algo así como en el punto medio. Tal vez piensan que es el lugar más seguro. Bien, ¿hay otros preparativos, o va a empezar a hablar?

A: *Está hablando ahora. Y... es sólo su corazón el que habla. Aquí se quedará poco tiempo y... esta aldea parece ser*

154

*un lugar de encuentro. Al parecer aquí están muchos de los verdaderos seguidores que recibirán sus misiones y se encaminarán hacia su propio sendero. Así que éste es un refugio seguro, un poco de relajación, una comunicación, y luego, se pondrán de nuevo en marcha hacia otro sitio. Este grupo parece capaz de difundir sus enseñanzas, pero también pueden infiltrarse en otras partes y ser aceptados como romanos o como lo que sea necesario, siempre con el fin de proteger a su maestro.*

D: Si conocen sus enseñanzas, con ellos no necesitará extenderse en explicaciones...

*A: Eso es. Son seguidores, seguidores consagrados.*

D: ¿Entonces lo que él les dice es principalmente lo que quiere que hagan?

*A: Sí. Pero también tienen tiempo para la oración y la comunicación, y las lecciones nunca se acaban. De ese modo existe una influencia reciproca.*

D: ¿Hay algo importante que él les haya dicho y que no supieras hasta ahora?

*A: Oh no, creo que principalmente sólo los tranquiliza y les dice que no deben tener miedo. Pase lo que pase, forma parte de su razón de existir. Y en lo que ocurra en su vida o a él, hay una lección que deben aprender y que va más allá de las apariencias. También trata de recordarles que encuentren fuerza en su propio Dios interno, y que miren a través del corazón, y que sirvan a sus hermanos y hermanas.*

D: ¿Cómo uste mientras está de viaje?

*A: La indumentaria habitual.*

D: ¿Algún color en especial?

*A: Oh, los colores son simples. Principalmente un material de color tostado. De vez en cuando, la túnica es ribeteada, capucha, mangas y costura. Por lo demás, muy sencilla.*

D: ¿Entonces viste más o menos como el resto de vosotros?

*A: Oh sí.*

D: Bien. Entonces todos se reúnen hoy aquí para decidir lo que harán y recibir instrucciones, por así decirlo.

A: *Sí Y para informarle del progreso que se está realizando. Sólo eso.*

D: ¿Qué clase de progresos han hecho? ¿Hay algo en especial?

A: *Parece que viajan con sus propios grupos reducidos. Si saben de algún lugar donde pudiera haber interés por las enseñanzas, van y buscan en esa zona. Si alguien necesita ayuda, o padece injusticia, van allí. Siempre encuentran la manera de utilizar los pasajes subterráneos y de ayudar a la gente.*

D: Entonces hacen mucho más que propagar las enseñanzas.

A: *Sí. Porque una de las principales enseñanzas es tener amor a tu prójimo, y tratarle como te gustaría a ti ser tratado. Se ha abusado mucho de esta práctica.*

Se hacía evidente que Jesús enseñaba a sus seguidores a realizar servicios prácticos en favor de la gente, además de a propagar sus enseñanzas. Este punto también se resalta en Jesús y los Esenios: contrariamente a lo que se enseña en la versión bíblica, Instaba a sus seguidores a que le dejaran y salieran por su propia iniciativa. No esperaron hasta después de su muerte. Hizo esto para que no se hicieran dependientes de él.

D: ¿Va a quedarse mucho tiempo en esta aldea?

A: *Pienso que le gustaría quedarse una noche más, pero cree que debemos irnos, de modo que pronto nos pondremos en marcha para dejar esta aldea.*

D: ¿Entonces no ocurrió ninguna otra cosa importante en esa aldea?

A: *No, pero debes comprender que ellos principalmente difunden las enseñanzas. Al parecer, siempre salen para hacerlo, pero también hacen otras cosas. Pueden*

156

*utilizar esa u otras cosas como excusa para lo que sea necesario hacer, pero siempre viven en consonancia con las enseñanzas.*

D: ¿Sabes adónde irá él después?

*A: Creo que a otro pueblo... Me dijeron... ¿Giberon? (Fonéticamente.)*

El Diccionario de la Biblia menciona dos lugares que suenan así: Gibeah, una ciudad en la zona montañosa de Judea, y Gibeon, una ciudad real de los canaanitas. Desde mi punto de vista, Gibeah encajaría con más exactitud en la descripción de la zona por la que pasaban.

*A: Parece que allí hay más seguidores, pero que sólo están en los comienzos de su camino. Dondequiera que vaya, intenta ayudara esta gente en lo que necesita, sanando y enseñando.*

D: Los seguidores de la aldea situada junto al lago eran los más avanzados. ¿Es correcto?

*A: Sí Pero incluso allí, él está para servir y ayudar a los que le buscan. No parece que surgiera nada nuevo de esa reunión. Creo que les va muy bien en estos momentos. No creo que se vaya a producir ningún levantamiento o sufrimiento.*

D: Entonces todo marcha como debe ser en esa aldea. Y en la siguiente se supone que hay seguidores que más o menos están empezando y no están aún seguros de sí mismos. ¿Es correcto?

*A: Sí. Y parece que esta próxima aldea es un poco más grande. Imagino que a la aldea del Lago Kinnereth puede llamársele sólo una pequeña colonia. Ya la que ahora iremos, es un lugar más grande.*

D: ¿Tardaréis mucho en llegar?

*A: Él ha dicho que podríamos hacerlo de noche. O si no, temprano, en la mañana del día siguiente.*

D: Entonces no está muy lejos. ¿Ya ha organizado Juan las cosas en esa aldea?

A: *Imagino que sí.*

D: ¿Se adelanta Juan, y no le ves hasta que llegáis allí, o cómo va esto?

A: *Así ocurre a veces. Diría que habitualmente, Pero en algunas ocasiones, vuelve para hacer que tomemos un desvío por otro lado, o bien para decirnos si hay algún cambio.*

D: Entonces realmente se adelanta y lo arregla todo.

A: *Sí, y luego le vemos de nuevo cuando llegamos.*

D: Adelantémonos un poco hasta el momento en que llegáis a la siguiente aldea, y dime qué pasa. ¿Has dicho que era una aldea más grande?

A: *Sí Veo un pozo en el centro de una gran plaza. Y hay una zona amplia por donde la gente viene a sacar agua. Esta aldea se parece más a una pequeña ciudad, al estilo de las que ves con una placita central y pequeños edificios. (Pausa.) Me han dicho que quizá pasaré un tiempo aquí, para poder servir y aprender. Parece que trabajaré con alguien que ha estado viajando con él antes, pero que ahora se ha... —creo que se diría así— establecido en esta aldea. Así que aquí tendré que estar en calidad de estudiante, para ayudar a transmitir las enseñanzas y cuidar de los que lo necesiten. Sólo debo ayudar.*

D: ¿Y él se va mientras tú te quedas ahí?

A: *Sí. Pero volverá a por mí. Y luego parece que nene que volver a Jerusalén.*

D: ¿Hay alguien más de tu grupo que se quede contigo?

A: *No exactamente donde yo me quedo. De vez en cuando, dependiendo de lo que necesite un pueblo o una aldea, suele dejar a algunos de sus seguidores para que asuman ciertas responsabilidades. A veces permanecen un breve espacio de tiempo, y otras veces acaban quedándose. Tengo la sensación de que en esta aldea hay algunos de sus anteriores seguidores. Quizá trabajan en diferentes especialidades, sea en la enseñanza o en la sanación, o simplemente están al servicio de cualquiera que los necesite.*

D: ¿Cómo te sientes ahora que él te deja?

*A: Me siento preparada para quedarme en un lugar durante un tiempo. Si él dice que es donde debo estar para aprender y servir, entonces me parece muy bien. Me siento tan uva y tan llena por lo que él me ha permitido hacer y aprender de él, que me parece muy natural obedecerle.*

D: ¿Ha ocurrido algo más antes de que se marchara?

*A: Habla con algunos hombres de la aldea. Ellos le preparan su programa de estancia en los distintos lugares, y le ayudan en sus visitas a los más necesitados. Luego se reunirán por la noche. Muchos de estos a los que él enseña y que le siguen, se las han arreglado para construir grandes salas de reuniones debajo de sus casas, para no ser descubiertos.*

D: Luego les hablará a estos seguidores que aún no tienen experiencia...

*A: Sí. Contestando preguntas generalmente es donde surgen sus enseñanzas. O, si se siente movido a ello, les hablará sobre un tema importante.*

D: ¿Quieres adelantarte hasta la noche de la reunión, y decirme lo que ocurre?

*A: Me han presentado a la persona con la que trabajaré. Su nombre es Abram. (Pronuncia con un sonido fuerte, Ah, en la primera sílaba.) Me quedaré en su casa, aprendiendo más sobre las enseñanzas, pero también ayudando en lo que él crea que debo. En muchas cosas diferentes: trabajando con los enfermos, los ancianos o los huérfanos, o sólo enseñando.*

D: ¿Te presentó como Noemí o como Nataniel?

*A: (Sonriendo vergonzosa.) Abram... oh, sé que esto es difícil ¿Ves?, me encuentro ahora mismo en un punto en el que casi me siento tonta haciendo esto. Creo que, para mi protección, me llama Nataniel. Pero sé que le ha dicho a Abram que en realidad soy Noemí. Así que pronto habrá un cambio, y ya no necesitaré esta clase de disfraz. Me sentí muy bien al ver que había mujeres en la otra pequeña coloma. E igualmente en esta aldea estaré a salvo siendo lo que soy. Y ti sabes que estoy creciendo, haciéndome mayor, y mi aspecto ya no es el de un muchacho. Así que cambiaré.*

Era obvio que había pasado más tiempo del que pensaba. Pudo haber condensado semanas y meses en la narrativa, especialmente si todas eran similares. Noemí estaba madurando y adquiriendo las características físicas de una mujer.

D: Entonces este viaje no ha durado sólo unos cuantos días. ¿Verdad?

*A: Pensé que duraría varias semanas. Cambió. Nuestros viajes varían dependiendo de las necesidades y de las indagaciones de Juan. Así que ha pasado más tiempo, y creo que por esa razón me siento preparada para quedarme en un lugar y asumir una responsabilidad. Pero estoy entre los trece y los catorce años y sé que mi cuerpo está cambiando. No podré aparentar que soy un muchacho mucho más tiempo.*

D: Ya no podrás seguirlo ocultando.

*A: No. Probablemente él sabía que yo tendría que reaparecer como lo que era; tal vez éste no sea sólo un lugar de aprendizaje, sino un lugar seguro en el que pueda hacer mi transformación.*

D: Sí. Entonces cuando él regrese y tú vuelvas a viajar, lo harás como una chica.

*A: Y no habrá peligro; me sentiré bien. Seguramente habrá más mujeres; así será más aceptable.*

D: ¿Te sorprendió ver a otras mujeres en el otro lugar?

*A: Sí. Cualquiera que sea sincero y esté del lado de la verdad es aceptado, pero la mayoría de las mujeres, como mi madre, han sido educadas de manera tradicional. Al parecer hay algunos que se sienten tan decididos respecto a su camino como yo del mío.*

D: Sí. A la mayoría de las muyeres no se les enseña nada, ¿verdad?

*A: No, es muy raro, muy raro.*

D: Por eso habrá sido una sorpresa encontrar a tantas mujeres. Supongo que al Nazareno no le importa, ¿verdad?

*A: Oh, él acepta a todo el mundo, porque ve las cosas de diferente manera. Ve a la gente como personas. Cuando vives a través del corazón eres mucho más consciente de otras cosas, y no eres más Importante por ser hombre. Eres tan importante como los demás. No es el cuerpo en el que estás. Es la esencia lo que resplandece a través de ese cuerpo.*

D: Eso tiene sentido para mí. Bien, ¿están reunidos en una de esas habitaciones subterráneas?

*A: Sí. Les da la bienvenida a todos. Esta tarde él trata de hacer entender que camina en esta Tierra, al igual que nosotros, en un cuerpo de carne y hueso. Y sin embargo, lo que él es y lo que hace, lo podemos ser y hacer todos nosotros. Sólo tenemos que abrir nuestro yo interno a una consciencia que lo admita. Una vez que reapareces viviendo a través del corazón y sabiendo que Dios está en ti, una vez que estas conectado con este Dios que todo lo abarca, entonces llegarás a una mayor comprensión. Y sabrás que puedes sanarte a ti mismo y a los demás, bien sea emocionalmente o no. Él dice que sabrás que las posibilidades están allí para todos.*

D: ¿Creen muchas personas que él es el único que puede hacer estas cosas?

*A: Siempre que se le pregunta sobre eso, se esfuerza para hacer que la gente entienda que no, que él está hecho igual que ellos. La única diferencia es que él ha cobrado consciencia de sus posibilidades humanas; no hay otras. Se viste como la mayoría. No quiere nada especial. Quiere que la gente sepa que realmente no hay diferencia, y que las leyes de Dios hacen de todos los hombres uno. Lo único importante es vivir a través del corazón, y servir amarse unos a otros.*

D: Pero sí es cierto que él recibió una Instrucción que le enseña a ser más consciente, ¿no es verdad?

A: *Sí, pero a través de ese aprendizaje se dio cuenta de que no hay que mantenerlo todo tan secreto, tan inaccesible a las personas normales. El cree que eso no era bueno. Que el amor y las leyes de Dios son para todos; eso es lo que trata de transmitir. El sólo interpreta lo que ha aprendido, para poder enseñárselo a las personas corrientes.*

D: Sí, porque muchos de ellos creen que estas enseñanzas son sólo para unos pocos, y no para todos.

A: *Y es lo que ha causado muchos conflictos en otros niveles de la sociedad. Sienten que les están arrebatando su poder, su control. Porque si una persona normal descubre que puede pensar por sí misma, y que puede emprender su propio camino y ser bondadosa y justa, esto les arrebatará su control.*

D: ¿Entonces crees que algunos de los sacerdotes saben algo de estas cosas, pero lo consideran como un conocimiento sagrado?

A: *Tal vez sea ése el caso. Aunque ignoro cómo lo interpretan. Todos podrían tener acceso a este conocimiento, pero es importante una interpretación adecuada.*

D: Por eso no aprueban lo que él hace. Es como contarle secretos a todo el mundo. Quizá piensan que una persona corriente no es digna de conocer muchas de estas cosas.

A: *Por eso él te llena de tanto amor y alegría, porque intenta con todas sus fuerzas hacer llegar el mensaje de que todos somos iguales. Todos estamos aquí para servirnos unos a otros. Deberíamos tratarnos unos a otros como nos gustaría ser tratados, y estar al lado de nuestro prójimo cuando se halle en verdadera necesidad.*

D: ¿Algunos de los presentes hacen preguntas?

*A: Uno ha preguntado cómo pueden protegerse a sí mismos si difunden sus enseñanzas, sabiendo que han de ser para todos y para las personas comentes. ¿Como pueden hacerlo verdaderamente? Es difícil llegar a dispar el miedo.*

D: Sí, es una emoción muy humana. ¿Qué ha dicho él?

*A: Habló de la paciencia. Si sabes que caminas sin temor, entonces la luz eterna interior se hará cada vez más brillante, y todos esas esclavitudes del miedo se disolverán. Pero todos tenemos que descubrirlo por nosotros mismos. Y la persona sensata actúa con prudencia y no teme la verdad ni el conseguirlo.*

D: Pero ése es un miedo muy real, porque lo que tratan de hacer supone un riesgo.

*A: Sí. Pero si actúas con cautela y sabes que se te está pidiendo esta información, entonces las palabras penetran lentamente. Una vez que ves ese pequeño resplandor, ni siquiera necesitas palabras para saber que se están realizando cambios. Por ejemplo, la gente viene a ti y te pregunta. Y por la pregunta sabes si le estás siendo útil a alguien. Eso, en sí mismo, es parte de la comunicación no verbal que le muestra a la gente que puedes amar. Amar y ayudar sin pedir nada a cambio.*

D: Puedo entender por qué sienten ese miedo. ¿Alguien más ha hecho preguntas?

*A: Un hombre también dijo que le resultaba difícil entender cómo podía ser igual a él. Y entonces Jesús se acerca a esta persona y hace que le toque las manos y el cuerpo, para que se dé cuenta de que es de carne y hueso. Y para saber que si hay deseo e intención. (Sonríe ampliamente...) Oh, me encanta observar, porque puedes ver el amor en su rostro hacia la otra persona. Es como si esta otra persona quedara hipnotizada y ni siquiera necesitara las palabras. El Nazareno da a entender que no importa lo que hayas sido en el pasado, si en un determinado momento de tu vida llegas a estos sentimientos y revelaciones, todo está bien. Está bien porque lo más importante es el momento presente.*

D: Tal vez lo que el hombre se preguntaba era cómo podía él ser igual a Jesús, si él era capaz de hacer todas estas cosas rnaravillosas...

A: *Lo que el Nazareno hace, también ellos pueden hacerlo, responde él.*

D: Eso es lo que cuesta creer. ¿Le ha enseñado a esta gente, o a la de tu otro grupo, a hacer sanaciones?

A: *Les ha enseñado a unos pocos. Pero es también un proceso lento y delicado, porque primero tiene uno que sanarse a sí mismo. Y si se nos da demasiado, después no resulta como uno esperaba. Además, demasiada enseñanza se volvería confusa. Retrocedería o se estancaría. Así que es preciso ser muy cuidadoso, y dejarlos que manejen sólo aquello para lo que están preparados.*

D: Sí, es cierto: si se les da demasiado no lo entenderían.

A: *Y se sentirían muy frustrados. También debes aprender a no esperar nada, a tener fe. No todo puede traducirse en palabras.*

D: Sí, es verdad. Cuando dice que debes sanarte primero a ti mismo, ¿a qué se refiere?

A: *Quiere decir que tienes que llegar a la conciencia de que eres este ser de perfección. Eres la amorosa esencia de Dios. Es difícil de explicar, pero es un sentimiento global de ternura y amor, y el conocimiento de que todo está bien en ti. Eres perfecta tal como eres. Y la aceptación de esta clase de comprensión y de amor, podrá luego transferirse a los demás.*

D: Entonces, Sin esa clase de amor a uno mismo, por decirlo así, no podrías transmitir las otras enseñanzas ni las sanaciones.

A: *Exacto, porque las puertas se abren a medida que vas realizando tu propia sanación Interna.. Así que, no es un proceso rápido... normalmente.*

D: ¿Has oído hablar alguna vez de lo que se llama «parábola»? ¿Le has oído a él usar esa palabra?

A: *(Sonriendo.) Me han dicho que se hallan muy frecuentemente en la palabra escrita. Son histonas que tienen dos significados, ¿te refieres a eso?*

D: Eso creo.

A: *Están escritas de tal forma que pueden tener un significado literal, y además un significado más profundo, si posee el conocimiento para percibirlo. Y esos otros significados contienen una verdad, una verdad que es la verdad de Dios.*

D: Dices que se hallan en la palabra escrita. ¿Quieres decir en los libros religiosos?

A: *Es lo que recuerdo de la enseñanza de mi padre, y la palabra escrita de los Libros Sagrados que se leen en el Templo. Es lo primero que me vino a la cabeza cuando mencionaste la palabra «parábola».*

D: ¿Has oído alguna vez que se mencione en relación con el Nazareno?

A: *Creo... creo que él las ha empleado, sobre todo cuando habla a los sacerdotes y rabinos y a los oficiales de gobierno, o cuando habla a grandes grupos. Tal vez en ocasiones semejantes haya hablado con esas «parábolas», sólo por prudencia o para mantener las cosas en paz. Pero en los grupos más reducidos no usa este tipo de discurso, porque siente cuando realmente se le necesita y cuando de verdad la gente quiere aprender, entonces habla de la manera más cercana y sencilla posible a lo que es el verdadero significado.*

D: ¿No trata de ser misterioso?

A: *No. Sólo que... oh, esto es difícil de explicar. Si tiene que enseñar una lección y alguien tiene que encontrar su propio camino... es diferente. é Ves?, ahora pienso en otras ocasiones en las que le recuerdo hablando. Si está con un grupo grande o si el grupo es relativamente nuevo, entonces habla a veces de este modo, pero lo hace sólo para que la gente aprenda. Y en la siguiente visita o en la siguiente ocasión que se reúne con ellos, suelen hablar de ello. Para entonces ya habrán encontrado su propia respuesta. Así que creo que a veces es un vehículo de enseñanza.*

D: Entonces no les dice lo que significa. Les deja adivinarlo por sí mismos.

*A: Sí. Creo que ése es el caso a veces.*

D: Pensaba que algunas veces la usaría como ejemplo para alguien que no puede entenderlo de otro modo.

*A: Sí. Creo que es lo que intentaba decir también. Porque muchas veces lo oyen, y más tarde, tras una reflexión y con el paso del tiempo, se pone en marcha su completa reaparición a través de la apertura de puertas. Porque lo veían de un modo y de pronto esta luz se hace grande, y encuentran claridad de entendimiento. De modo que también es un instrumento de aprendizaje.*

D: Tal vez cuente historias para ilustrar determinado aspecto o facilitar su comprensión a la gente corriente...

*A: Sí, a veces.*

D: ¿Habla con la gente corriente en la calle, o principalmente en estos grupos?

*A: No rechaza a nadie. Saluda a la gente en la calle. Si le preguntan, él responde. Pero tiene una fina percepción, sabe cuándo es conveniente enseñar, cuándo no existe peligro al hacerlo.*

D: Eso me preguntaba yo: si alguna vez se le acercaban extraños que quisieran saber de qué había hablado.

*A: Responde a sus preguntas. No rechaza a nadie.*

D: Pero casi toda la gente con la que habla ya sabe lo que él hace.

*A: Sí. Porque él es consciente de que al trabajar con esta gente, aprenderán las enseñanzas de la forma más verdadera y las transmitirán. No puedes imponer este conocimiento a nadie. Por eso viaja. Pero como he dicho, está enseñando constantemente, porque no rechaza a nadie. Habla con la gente en la calle. Pero es diferente con los que él sabe que están verdaderamente hambrientos y preparados para sus enseñanzas, y sienten que éste es también su camino. La gente llega a conocer su propia realidad en esto.*

D: Bien, esta gente que él envía —como en el primer pueblo a la orilla del lago— para extender la palabra, ¿sólo va a la gente ordinaria, o…?

*A: A esta gente... las envía él donde las necesitan. No es como si fuese un comandante o un general. Ellos también toman sus propias decisiones. Saben que sienten la necesidad de servir. Así que emprenden sus propios viajes y son continuadores de su trabajo, porque él no puede estar en todas partes. Descubren a través de sus propios métodos dónde se los necesita. La gente se está uniendo. Y por medio de mensajeros emprenden sus propios viajes a donde puedan ser de máxima utilidad.*

D: Eso es lo que trataba de entender. ¿No salen a hacer adeptos o buscar a gente nueva?

*A: No, porque no es así como sucede. Él no actúa por la fuerza. (Sonriendo.) No hace adeptos, la palabra sale sin ningún problema. Al parecer la gente se comunica entre sí, y así se sigue extendiendo.*

D: Así es como se hace: sólo se lo cuentan a sus amigos o a quien creen que puede interesarle.

*A: A menos que sepan de alguien que esté necesitado. Salen y van a donde nadie más lo harza. Forma parte de ello.*

D: Bien. Sólo trataba de entender cómo se hacía todo esto. ¿Ocurre algo más en la reunión de esa noche?

*A: No. Más que nada, responde a las preguntas y habla, y trata de saber dónde le necesitan en la aldea. Mañana se pondrá en contacto con determinadas personas. Eso es lo que ocurre. Creo que cuando termine su trabajo en la aldea se irá. Estará el tiempo necesario para ver a quienquiera que él necesite ver en la aldea. Tal vez no será más de lo que queda del día.*

D: Entonces te quedarás en casa de Abram. ¿Sabes cuánto tiempo tardará él en volver?

*A: No estoy segura respecto a la verdadera duración del tiempo, pero podrían ser unos cuantos meses. Siento que necesito estar en un lugar, servir y ayudar.*

D: Adelantémonos hasta el momento en el que te deja allí. ¿Ha ocurrido algo que se saliera de lo ordinario mientras estuvo en la aldea?

*A: Realizó sanaciones, pero nada fuera de lo ordinario. (Risa.) Sólo los milagros de todos los días.*

D: ¿Los enfermos eran del grupo, o gente que le trajeron?

*A: Oh, se hicieron arreglos para que visitara vanos hogares donde le aceptan y necesitan. Aunque no todos hablan estado en la reunión.*

D: ¿Curó algún tipo especial de enfermedad?

*A: Había una enfermedad de... no sé cómo decirlo... en la zona de la cabeza. Esta mujer tenía un dolor muy fuerte, como si se la atornillando. Y había hinchazón. Se apreciaba un bulto en la cabeza, y él lo hizo desaparecer. Y ella... fue igual que siempre. En él había el mismo destello dorado alrededor de la cabeza, del corazón y en las manos. Tenía en su rostro una gran suavidad. Pero ella pudo sentirlo de inmediato. Y estaban allí otros que presenciaron esto. Es difícil de creer, pero es un regalo de Dios.*

D: ¿Disminuyó la hinchazón y desapareció el dolor?

*A: Sí. Ella sólo quería morir. Pidió morir. Pero no era su momento. Él pudo ayudarla.*

D: Sí, es un milagro. Pero como tú dices, son tantos los que ves...

*A: (Sonriendo.) Pero esas otras cosas... se fue a ver a todos* los que le necesitaban, y tuvo otra reunión antes del momento de irse. Y él (sonriendo) vino a visitar la casa de Abram. Y yo sólo... (profundo suspiro) siento un enorme amor por él. Me puso las manos en la cabeza y en la cara, y me dijo que tema que ser Noemí, y que no había nada que temer. Que siempre caminaría con él. Y que aprenderé muchas lecciones valiosas, y serviré amorosamente aquí. Me dio un maravilloso abrazo, y me besó en la frente. (Con tristeza, casi llorando.) Me cuesta verle marchar, pero sé que es aquí donde debo estar.

D: Pero volverá. Eso es importante. Volverá para llevarte. Puede ser también que vaya a una zona escabrosa y difícil de atravesar. Piensa en tu bienestar.

A: (Sorbiendo las lágrimas.) Sí, tal vez.

D: Al menos sabes que ahí estarás bien, haciendo lo que él quiere que hagas. Y volverá. ¿Dices que crees que entonces volverá hacia Jerusalén?

A: Parece que se encamina hacia allí siempre que termina un Viaje. Siempre acaba regresando a Jerusalén, donde hay gente que tiene que ver. También ira a ver a su familia.

D: ¿A Nazareth? ¿Podrás ir con él?

A: No sé SI será el momento oportuno; tal vez.

D: ¿Has oído hablar a alguien de un hombre llamado «Juan el Bautista»?

A: ¿Juan...? (Pausa.)

D: Se trata de otro Juan. Tal vez se le conozca por otro nombre.

A: Creo... este hombre estaba en el lago. No sé si está siempre con él, pero el nombre me resulta familiar. Había un hombre llamado Juan cuando estábamos junto al lago y en la pequeña aldea del Lago Kinnereth. Y cuando hicimos la limpieza en el agua... do'o que era para el cuerpo y el espíritu. Quizá sea éste el hombre del que hablas.

D: ¿Fue este hombre quien lo hizo?

A: *Sí. Hizo un ritual... un ritual simbólico de limpieza. Pero no era para todos nosotros. Habla sólo unos pocos. Pero creo que le llamaban... No sé... ¿Juan del Agua? Era un ritual para la limpieza del espíritu.*

D: ¿Qué clase de ritual era ése?

A: *Creo que era un ritual para los que desde hacía tiempo guardaban las enseñanzas de Jesús. Consistía en sumergirte en las aguas, y cuando te levantabas, él decía una especie de bendición. Y la limpieza simbólica con las aguas del espíritu, era un ritual de consagración a Dios y al camino de las enseñanzas.*

D: ¿Y es un ritual que no se hace habitualmente?

A: *Yo ya había oído hablar de él, pero ésta era la primera vez que lo veza.*

D: ¿Existen otros rituales que haga el Nazareno con el grupo?

A: *(Pausa.) Con el grupo grande no, y tampoco con el grupo nuevo. Pero tiene simplemente otra manera de hablar y usar las manos. Cuando nos sentamos en silencio, haciendo oración para concentrarnos en algo, se ve y se siente la diferencia. No sé si te refieres a esto. No se me ocurre otra cosa.*

D: Pensaba en los rituales y ceremonias del Templo.

A: *Oh, ¿como las velas y los Libros Sagrados y las fiestas? No, creo que el ritual simbólico del agua fue uno de los primeros. Pero siempre que he visto hablar al Nazareno, normalmente intenta mantener un nivel en el que no hay separación. Si hace algo, trata de que incluya a todos los allí presentes. Así que no tiene ritual, sólo oración silenciosa y... su manera de pedir guía al Dios de su ser.*

D: Supongo que las ceremonias y los rituales más bien le separarían de una persona normal. Tenía curiosidad por saber si hacía algo al estilo de los sacerdotes en el Templo. Pero no es nada parecido.

*A: No. Trata de que sus reuniones sean como las de una hermandad, una familia, donde nadie es superior a nadie. Se sienta al mismo nivel y trata de mantener el nivel de igualdad.*

D: Bien. ¿Te parece si vuelvo en otro momento para hablar contigo y continuar esta historia? Me interesa mucho lo que ocurre.

Noemí me dio permiso para volver y continuar el hilo de la historia de su relación con Jesús. Hice volver a Anna a su estado normal de conciencia despierta. Su vida se reanudaba y se adaptaba a los asuntos cotidianos, en tanto que su mente consciente no tenía la más leve idea de la otra historia que se había manifestado hacía tantos años.

Durante esta sesión sentí que, a través de este método único de investigación histórica, se me concedía el raro privilegio de acudir de hecho a una de las asambleas de Jesús. Sentía que me hallaba entre los presentes que aprendían del maestro, y podía ver cómo estas enseñanzas eran radicalmente distintas a las enseñanzas ortodoxas de su tiempo. Era evidente que para estos primeros creyentes requería mucho valor seguirle, porque en realidad esto entrañaba un gran peligro. Pero también me fue posible ver la habilidad carismática que él proyectaba con el fin de eliminar sus temores. Fui capaz de sentir la calidad que poseía e inspiraba a tanta gente a seguirle. Extraño, sí, pero parecía llenar un hueco en sus vidas que no se llenaba con las enseñanzas tradicionales de los rabinos de su tiempo.

Estaba empezando a conocer al verdadero Jesús.

# 9 - Una visión de la muerte de Jesús

Pasaron varios meses (de marzo a finales de noviembre) antes de poder continuar la historia de la relación de Noemí con Jesús. Anna lleva un negocio de hostelería en su casa y durante la estación turística estaba agobiada de clientes. Así que tuvimos que suspender las sesiones hasta después de esta temporada de trabajo, porque no había intimidad. Cuando finalmente pudimos tener una sesión, empleé su palabra clave y volvimos a aquel período como si no hubiese habido interrupción.

La última vez que hablé con Noemí, la habían dejado en aquel pueblecito a la espera del regreso de Jesús. Quería continuar con la historia desde ese punto. Descubrí que también para Noemí el tiempo había pasado.

D: Vuelves al tiempo en el que te dejaron con un amigo mientras el resto del grupo continuaba sus viajes. Contaré hasta tres y ahí estaremos. Uno... dos... tres... hemos vuelto al tiempo de Noemí. ¿Qué haces? ¿Qué ves?

A: *Veo que el Nazareno vuelve a la aldea. Y me invade una inmensa alegría. Espero que se sienta satisfecho con mi progreso.*

D: ¿Llevas allí mucho tiempo?

A: *Ha sido... un tiempo aproximado de tres meses.*

D: Te quedaste con un amigo suyo, ¿verdad?

A: *Me dejaron con la familia que debla ayudar en mi educación, y enseñarme el camino que yo buscaba. Ésta es la casa de Bendavid. Y oh, son tantas las cosas que han ocurrido...(Se emociona, está a punto de llorar.) Y... oh, he cambiado tanto...*

D: ¿En qué sentido? ¿Puedes compartirlo conmigo?

A: *(Triste.) Me... me abruman tantas emociones, pero... he aprendido muchas cosas desde la práctica hasta la sanación, todas para servir a mi prójimo. Me han enseñado los caminos del Nazareno. Y también me han despertado y acercado mucho al conocimiento del amor, que creía que no era para mí. No estaba en absoluto en mis planes.*

D: Es algo con lo que no contabas.

A: *(Sorbiendo las lágrimas.) No. (Se emocionó tanto que casi no podía hablar.) También veo ahora muchas cosas con una gran claridad. Las emociones se deben en cierto modo a la claridad, y en parte también al dolor. (Llorando.) Porque cuando veo al Nazareno, veo la misma radiación de luz do— rada desde el centro de su corazón y alrededor de su cabeza. Pero sé... puedo ver muy claramente el futuro. Y... (Su voz se quiebra.) Es muy difícil hablar de ello.*

D: ¿Quieres decir tu futuro?

A: *Veo más bien su futuro.*

D: ¿Quieres decir que lo que ves te produce dolor?

A: *Sí, sí.*

D: ¿Te enseñaron esta habilidad de ver el futuro mientras estabas allí?

A: *No. He oído hablar a la gente de esto, pero no he sentido la necesidad de decirle a nadie que tengo estas visiones. No las tengo muy a menudo, pero las tengo. Si estoy en la verdad, al verle entrar en la aldea y al ver las luces que veo, estoy viendo acontecimientos que suceden en mi mente. Y esto no es frecuente, ni he hablado de ello. Necesito hablar con el Nazareno porque sé que puedo*

173

*tener su confianza sincera y me escuchará con fe. Sé que en la casa de Bendavid me consideran un miembro más de la familia, pero esto aún resulta demasiado nuevo. No me atrevo siquiera a hablar de estas cosas. (Sorbiendo las lágrimas.)*

D: Sí, lo entiendo. ¿Tienes intención de contarle al Nazareno lo que ves?

*A: Sí, cuando sea el momento.*

D: ¿Quieres compartirlo primero conmigo?

*A: No. Es mejor esperar. Es que han pasado tantas cosas, y hasta que le vi no me di cuenta de cuánto había... cambiado yo, de las emociones que me han invadido en estos meses pasados. Mientras me hallaba inmersa en la rutina diaria y aprendía y crecía y hacía todo lo que se me pedía, parecía que pasaba rápidamente. En realidad no tenía tiempo de pararme y reflexionar. Pero de pronto todo emergió a la superficie nada más verle, porque supe que tendríamos que hablar y que debía contárselo todo.*

D: Quizá ésta fuese una de las razones por las que quería que te quedaras.

*A: Sí. Tenía que saber si yo estaba segura de mi compromiso. Creo que quería darme la oportunidad de cambiar si así lo decidía; y él lo habría aceptado con mucho amor y comprensión.*

D: ¿Has dicho que aquellos con los que te has quedado son amigos del Nazareno?

*A: Sí. Esta aldea se compone de gente que cree en sus enseñanzas. Creen en servir de verdad, y en tratar a los demás como les gustaría ser tratados, y caminar en la luz de Dios, nuestra Fuente.*

D: ¿Y ellos tenían que enseñarte cosas mientras estuvieras ahí?

*A: Sí, tenía que aprender filosofía. Tenía que aprender a atender a la gente y sus necesidades, y servir en todas las formas posibles. He dedicado mi tiempo a los ancianos de esta aldea y a ayudar a los niños sin familia.*

*Me han educado en todas las formas de servicio a la humanidad, a través del amor verdadero y de la hermandad.*

D: ¿De dónde obtuvieron ellos sus conocimientos? ¿Les enseñó alguien?

*A: Les enseñó el Nazareno. Esta gente llegó de diversas aldeas y poblaciones, y crearon su propia comunidad. Eran los que tenían que reunirse en refugios secretos bajo sus hogares, porque no se aceptaba que siguieran sus creencias.*

D: ¿Entonces has sido feliz viviendo ahí?

*A: Sí. He sentido satisfacción. Es difícil encontrar las palabras, porque las emociones se vuelven muy arrolladoras. Me han probado de muchas maneras. Pero sé que mi verdadero servicio, la razón por la que estoy aquí en este momento, es aprender todo lo que pueda, y transmitir este conocimiento a aquellos a los que sirvo. Y que el amor que he descubierto debe ser el de la mutua enseñanza y crecimiento. Es lo único que creo posible.*

D: ¿Dices que encontraste el amor, y que es algo que no esperabas?

*A: No. Me fui de la casa de mis padres para caminar con el Nazareno. Si lo recuerdas, cuando era más Joven me dejaron porque podía disfrazarme de muchacho. No me interesaba el matrimonio tradicional. Encontraba un vacío tan grande en las formas de vida normalmente aceptadas, que mis padres y el Nazareno me dieron su aprobación. Probablemente se quedaron muy sorprendidos al ver que continuaba. Y cuando ya no podía vestirme como un muchacho, me dejaron en esta aldea donde estarza a salvo. Aquí podía crecer y aprender, y estar segura de mi compromiso.*

D: Pero has dicho que también había otras mujeres con él.

*A: Sí. Y también familias que caminaban en esta vida de servicio y verdad. Hubo vanas mujeres que se ofrecieron voluntariamente a trabajar y ayudar a mitigar el dolor de los enfermos cuando nadie más caminaba con él. Por lo tanto, las mujeres fueron aceptadas porque teman conocimientos de sanación, o experiencia en temas en los que podían servir.*

D: Me pregunto por qué no quiso llevarte con él, cuando era evidente que eras una mujer.

A: *Creo que fue por la relación con mi familia... y yo era demasiado joven. Aun no habla cumplido los... ¿trece? Estaba tan segura del camino que debía emprender que creo que les sorprendió a todos. Mostré tanta firmeza, que de todas formas me hubiese ido, desaparecido, porque era muy fuerte la sensación de que era lo mejor. Después de mi comunión con mi Fuente, Dios, todas mis respuestas fueron la misma, así que estaba decidida a hacerlo. Y creo que les sorprendió encontrar en alguien tan joven una actitud tan seria, y aún más siendo mujer, ya que no es ésta la tradición judía. Creo que él tuvo que ser prudente, y... que fue por mi edad más que por otra cosa; no era lo habitual para una niña en estas circunstancias.*

D: Es muy cauto en estas cosas. Pero has hablado de amor. ¿Quieres decir que te has sentido atraída por algún varón?

A: *Sí. (Suspiro profundo.) Es ... es muy difícil encontrar las palabras adecuadas. (De nuevo triste.) Estaba tan segura de que recorrería este camino, y que nunca conocería esa clase de amor, porque conocía bien mi propósito en esta vida. Nunca creí que un hombre pudiera tocarme y ser espiritual y bondadoso a la vez, ni que pudiera tratarme como su igual, al que realmente le importaría. Creo que le tomé cariño porque era miembro de esta familia en la que estoy. Me ayudó con mi educación y me respetó como a un igual. Mi amor por él fue creciendo... más que el amor que se siente por un hermano. No sabía que pudiese albergar esos sentimientos. Y él cree de manera muy similar a la mía. (Casi lloraba de nuevo.) Pero no veo cómo puede ser*

176

*posible.*

D: ¿Cómo se llama este joven?

*A: Su nombre es Abram. (Fonéticamente, con un fuerte acento en la primera sílaba.)*

D: ¿Es el hijo de Bendavid?

Mientras investigaba para Jesús y los Esenios, descubrí que «ben» antepuesto a un nombre significaba «hijo de».

*A: Sí. Así que su nombre es Abram Bendavid.*

D: Y vive en la misma casa. ¿A qué se dedica?

*A: Ayuda en todo aquello que ha de hacerse en la aldea, en la reparación de las estructuras. Entiende mucho de sistemas de agricultura y riego.*

D: Da la impresión de que es muy inteligente.

*A: Sí. Todos tienen responsabilidades materiales, y en ellos se produce además una gran expansión intelectual y espiritual Pero a todos se los estimula a aprender todo lo posible, para ser materialmente independientes, y todos pueden servir a un propósito y ayudarse unos a otros.*

D: ¿Siente Abram lo mismo por ti?

*A: (Suavemente.) Sí. Pero desea de verdad ser paciente. Aceptará mis decisiones porque sabe hasta qué punto estoy entregada en mi corazón. Y que con el tiempo llegará la claridad y sabré de verdad cual es mi propósito.*

D: ¿Te ha hablado de matrimonio?

*A: Ha hablado de matrimonio, pero... (Se emocionó mucho y empezaron a rodarle las lágrimas por las mejillas.) Pero siento que es imposible. Porque no puedo... no puedo dedicarme a ambos, y eso me hace pedazos.*

D: Quizá ésta es la razón por la que el Nazareno quería que te quedaras un tiempo aquí. Quería que estuvieras segura. Puede haber una forma de combinar ambos caminos. Nunca se sabe. (Intentaba hacer que se sintiera mejor.)

*A: (Profundo suspiro.) No lo sé.*

Quería cambiar de tema, ya que éste le resultaba muy doloroso.

D: Has dicho que el Nazareno ha vuelto a la aldea. ¿Hay más gente con él?

*A: Sí, le acompaña un pequeño grupo.*

D: ¿Cuáles son tus planes?

*A: Haré lo que él quiera. No estoy segura de si ha terminado mi tiempo de educación en esta aldea, ni si he de permanecer aquí. Sé que aquí podría servir y que me necesitan. Pero en mi corazón siento que debo salir más en peregrinación, y quizá viajar de un lugar a otro, ayudar y difundir el conocimiento que he recibido. Pero esto me lo ha de decir el Nazareno.*

D: De todas formas él conoce mejor los planes en su totalidad. ¿Vas a pasar un rato con él a solas?

*A: Sí, será necesario. (Empezó a llorar de nuevo.)*

D: Has dicho que querías hablar con él sobre la visión que tuviste. ¿Piensas hacerlo esta vez cuando estés a solas con él? (Sollozaba y sorbía las lágrimas de nuevo; no respondió.) Bien. Adelantémonos hasta ese momento en el que tienes la oportunidad de hablar con él en privado, y dime lo que ocurre. ¿Has tenido tiempo para estar con él a solas?

*A: Sí. (Lloraba otra vez. Le costaba mucho hablar.)*

D: ¿Qué ocurre?

*A: Son diversos sentimientos. Siento un gozo Inmenso al estar de nuevo con él Y este sentimiento es tan abrumador que ninguna clase de amor físico podría llenarme de este modo. (Con tristeza.) Ahora sé que este amor espiritual y el servicio a los demás es para mí la única verdad que existe.*

D: Realmente son dos cosas opuestas... o diferentes en cualquier caso.

A: *(Habló con triste emoción.) No para mí. No por lo que a mí respecta. Pero... le digo que cuando le vi entrar a la aldea, vi las luces radiantes que he visto antes. El brillo dorado en torno al centro del corazón, y alrededor de su cabeza. Y le dije que... (Emocionada.) sabia... de su dolor. Que sentía su dolor. Sé que ha caminado con verdad y amor, tratando de difundir la luz, de mostrarse como un ejemplo de lo que puede ser la humanidad. Y sé que le han... hecho daño. Veo que su corazón está muy lastimado. Porque veo... (Su voz se quiebra.) Veo su muerte física. Sé que ha venido aquí para servir. (Lloraba, y le resultaba difícil expresarse.) Pero también veo que hay muchos que no pueden creer. Están tan llenos de miedo que... se aseguraran de que no viva mucho tiempo.*

D: ¿La forma en que ha de morir ha sido parte de la visión que tuviste? ¿Es eso lo que quieres decir?

A: *(Con tristeza.) Sólo vi que ocurria. No sé qué pasa exactamente, pero le vi abandonando su cuerpo físico. Y sé que eso significa... que ha llegado la hora de seguir su camino.*

D: ¿Quieres decir que no has visto cómo sucedía? ¿Sólo has visto que moriría?

A: *Sí, porque él ha venido y cumplido su propósito. Ha caminado por todo el país difundiendo la verdadera filosofía de la humanidad a través de Dios, del amor y la luz. Ha intentado enseñar que todos somos hermanos y hermanas. Que todos somos una familia. Y ha hecho todo lo que ha podido. Sabe que hay una minoría que continuará. Pero su tiempo para ascender está cerca, porque hay oídos sordos y corazones oscuros. Su presencia física no tiene sentido.*

D: ¿Qué ha dicho él cuando le hablaste de tu visión? ¿Te creyó?

A: *Cuando se lo dije... (Su voz se quebró de nuevo.) No me salía con facilidad. (Sollozando.) Me sentía muy confusa, porque nadie me había dicho que empezarían a sucederme cosas como ésta. (Llorando.) Y no sabía. No tenta control. Me angustiaba sentirme así. Necesitaba decírselo, porque sabía que este dulce y amado Nazareno me comprendería y amaría, y sabría que le hablaba desde el corazón y desde la verdad. (Suavemente.) Y él me acarició el rostro, y me dijo que no tuviese miedo, porque a través de su amor siempre estaríamos conectados. Me dijo que mi visión era clara, y que no tuviese miedo de mis visiones. Pero que las respetara y las contemplara muy clara y lentamente para no distorsionar la imagen, ya que son sencillamente las palabras de Dios que vienen a través de mis ojos. Me dijo que lo que había visto es lo que sería verdaderamente su ascensión, que ése era su siguiente paso. Y que no importaba lo que pareciera, él había concluido su servicio en este plano físico. Que no podía hacer más, y que los pocos que habían aceptado la verdad de la vida, resistirían. Pero había tanta oscuridad que le necesitaban en otros niveles para continuar su trabajo.*

D: Entonces no le sorprendió que hubieras visto eso.

*A: No. Escuchó, comprendió y aceptó lo que venía de mi corazón. Me dijo que caminara en el amor y siguiera el sendero de la luz, y que luchara contra el miedo. No debe haber ningún temor, pues el temor crea oscuridad en el hombre. La única verdad es el amor y la luz.*

D: (Toda esta emoción era difícil también para mí.) Realmente me alegro de que se lo dijeras, para que él supiera cómo te sentías. ¿También le hablaste de tu amor por Abram?

*A: Sí. Pero cuando le vi de nuevo me llené de tanta claridad y propósito, que supe lo que debía hacer, incluso antes de decir una palabra. Pero él comprendió y me dilo que tema que permitir que experimentara estos sentimientos. Que mi entrega seguiría afirmándose a medida que aceptara mis pruebas y fuese sincera. Dijo que estaba bien que cambara mi sendero, mientras lo hiciera con amor y con verdad. Él necesitaba que yo experimentara todas las emociones, y después, si decidla no aceptar ese otro camino, eso sería parte de mi iniciación.*

D: Así que sigue dejándolo a tu elección, ¿verdad?

*A: Ya he tomado una decisión. La hice en mi propio corazón y mente antes incluso de expresarlo con palabras, en el momento mismo en que nos encontramos y hablamos. Así que ya está decidido. Caminaré con él o me quedaré, pero sólo pido servir, para poder, yo también, ascender y reavivar mi conexión y crecimiento en ese siguiente nivel.*

D: ¿Te dice él los planes que tiene para ti?

*A: Se me dijo que deba permanecer en la aldea, y que si tenía fe y verdadera sensibilidad entonces se volvería muy claro para mí en que próximo sitio me necesitaban.*

D: ¿Entonces esta vez no quiere que vayas con él?

*A: No. Me siento muy fuerte. Me siento muy bien con respecto a mi decisión. Necesitaba su consejo, porque me hacía falta claridad. Y necesitaba saber que mis visiones y mis sentimientos eran de amor y de luz, y no de oscuridad. El me aseguró que, mientras buscara la verdad y fuese sincera, nunca ganarían terreno ni el miedo ni la oscuridad.*

D: Éstas son emociones muy Importantes, sentimientos muy importantes. Creo que es bueno que te estés adaptando a todas estas cosas. Pero esto también significa que seguirás en contacto con Abram.

*A: Sí, pero ahora será mucho más fácil, porque ya sé cuál es mi misión. Sé que gran parte de mi propósito es seguir aprendiendo, sanando y aliviando el dolor de los que sufren.* Volveré a la aldea de los leprosos, de los enfermos, y tendré fuerzas, y tendré salud. Porque he sido destinada a aliviar la carga y el dolor de los enfermos y de los perturbados. Y debo trabajar con los huérfanos que necesitan mi amor urgentemente. Éstos son los propósitos de verdad, de amor y de luz. Y son los míos.

D: ¿Los seguidores del Nazareno pueden continuar con sus propios viajes?

A: *Normalmente vamos en grupos. Sería extraño que alguien hiciera un largo viaje en solitario.*

D: ¿Quieres decir que tú y los otros volveréis a la misma aldea de leprosos... sin el Nazareno?

A: *Siento que no me quedan muchos... (Su voz se quebró, y empezó a llorar.) contactos con el Nazareno... en presencia física. Pero él me prometió que siempre habita comunicación.*

D: ¿Es ésa una de las cosas que quiere que hagas? ¿Seguir visitando estos lugares, incluso sin él, y continuar el trabajo que él empezó?

A: *No lo dijo. Es algo que siento que me corresponde hacer hasta el final del camino. Siento que es una de las cosas que se volverán claras. Y, como él dijo, conoceré mi camino y mi propósito a medida que se vaya revelando. Siento firmemente que esto está a punto de llegar.*

D: ¿Tienes miedo de contraer la enfermedad de esa gente?

A: *No. He estado allí antes. Si no vives en el miedo te mantienes sana de mente, cuerpo y alma. El temor crea todas las enfermedades y padecimientos, sea uno consciente de esto o no.*

D: Esa idea es interesante. ¿Te ha enseñado él que el temor crea enfermedades?

A: *Sí. Muchas veces, en mis años más jóvenes, en la aldea de mi padre: lo aprendí cuando furtivamente me metía en las reuniones secretas. Es parte de lo que él enseñaba.*

D: Desde luego, siempre creemos que algunas enfermedades son Inevitables. ¿Él no lo cree así?

A: *No. Aunque yo digo que se debe creer en la Fuente interior de nuestro ser. Nuestro centro divino, el que está en mitad de nuestro corazón. Si vivimos sin temor, ponemos una gran protección en todo nuestro cuerpo físico y otras capas de protección alrededor de la persona humana. Si dejas que el temor o la oscuridad entren en tu ser, abres un espacio que hará que crezcan los padecimientos. Podemos controlar cualquier enfermedad de la mente o del cuerpo.*

D: Entonces, ¿crees que es una de las formas con las que él cura a la gente?

A: *Sí, porque los que han venido a él para pedirle que los cure, han creado un sendero de sanación en sus propios corazones y mentes. Sólo hace falta conectar con su energía, porque ellos ya han cimentado su fe en la confianza. Han eliminado el temor y la oscuridad, y esto les posibilita aceptar la sanación. Así que, aunque el Nazareno tenga el poder de sanar, la persona que padece tiene que tener dentro de sí su propio poder para liberar sus temores y la enfermedad de su carne. Si no han de ser sanados o seguir en esta vida, encontrarán que es muy fácil la transición para ascender en verdadera paz y amor, y pasaran a su siguiente existencia.*

D: ¿Puede él curar a alguien que no quiera ser curado, o que no sepa nada de esto?

A: *Busco en mi pasado. (Risa sofocada.) Veo que cura al pajarillo herido, al animal que sufre. Sabe quiénes no son de la verdad y le ponen a prueba, porque él los descubre. Pero a los que vienen en la verdad, puede sanarlos; de hecho lo hace, a menos que exista alguna razón que impida la sanación. En ese caso, les explica por qué.*

D: ¿Se ha dado el caso de que la gente intentara ponerle a prueba?

A: *Oh, sí, muchas veces, en muchas ocasiones. Incluso cuando iba a los lugares subterráneos, de vez en cuando había infiltrados, pero él tiene tanta pureza y sensibilidad que esos intentos le resultaban obvios.*

183

D: ¿Puedes darme un ejemplo de alguno que hayas presenciado?

A: *Había un soldado, recuerdo, en Jerusalén; le pagó a un mendigo para que mintiese respecto a una sanación. Vi cómo el Nazareno se daba cuenta del engaño, e incluso descubrió al soldado.*

D: ¿Qué hubiera ganado el soldado con algo así?

A: *El soldado quería poner a la gente en su contra. A los que empezaban a escucharle. Los romanos se sentían amenazados por sus... (No podía encontrar la palabra.)*

D: ¿Talentos?

A: *Talentos, pero la muchedumbre empezaba a escuchar.*

D: Entonces el soldado pagó al mendigo... ¿para que fingiera una curación?

A: *Debía decir que había sido curado, pero que la infección había vuelto a aparecer. Tema una herida purulenta. Eso es lo que recuerdo. Se puso en pe ante la multitud y mostró su herida infectada, y les dijo que le había curado este hombre que ellos llamaban «Jesús». Pero el Nazareno contó la historia completa a la multitud, e incluso señaló al soldado. La multitud se volvió para verle y empezó a lanzar piedras, pero esto enfadó mucho al Nazareno. Y hubo otro episodio en el que le trajeron a un ciego, pero Jesús no pudo curarle. Pudo mostrarle al hombre, a las multitudes, y a los que trataban de causar problemas, las razones por las que este hombre no recuperaría la vista.*

D: ¿Cuáles eran las razones?

A: *Lo que habla hecho en su vida, pero también el hecho de que se le había dado la ceguera como maestra. Se quedó ciego para que volviese los ojos a su interior, sanar la oscuridad y el temor que llevaba dentro y dejar que entrara la luz para poder vivir en la verdad. Porque la vista no da una visión clara. Este hombre hizo cosas horrendas en sus años anteriores, y un accidente le produjo la ceguera. Salvó su vida. Pero este hombre, que intentaba hacer aparecer al Nazareno como un impostor, se llenó de tanto amor y comprensión, que aceptó su ceguera. Hubo algo dentro de él que fue sanado, para hacerle aceptar su vida y servir.*

D: ¿Cómo reacciona la multitud cuando no puede sanar a alguien? ¿Se encolerizan si no siempre puede hacerlo?

*A: Si no se produce una sanación, siempre hay una razón concreta. Y yo diría que es tan aceptable que realmente no puede ponerse en duda, porque está llena de esa verdad. Pero desde que los romanos y los judíos del Templo viven tan atemorizados por él, decidió servir en las diversas aldeas donde le aceptan y le necesitan y le quieren.*

D: ¿Entonces trata de mantenerse fuera de Jerusalén? ¿Eso quieres decir?

*A: Sí, porque entorpece su progreso.*

D: ¿Le has visto alguna vez hacer otras cosas distintas o fuera de lo normal, además de las curaciones?

Pensaba en otros milagros mencionados en la Biblia. Ella hizo una pausa como si estuviese pensando.

D: O si no lo has visto personalmente, ¿has oído historias sobre cosas que haya hecho, que una persona ordinaria sería incapaz de hacer?

*A: He visto las iluminaciones de sus manos. Le he visto sanar las almas mismas de la gente, sus corazones. He... le he visto sobrevivir a cosas a las que normalmente la gente corriente no sobreviviría.*

D: ¿Puedes darme algún ejemplo?

*A: (Profundo suspiro.) Sé que fue llevado y torturado por los soldados romanos bajo los patios. Sé que le pusieron en una carretilla que no era lo suficientemente grande para que un hombre sobreviviera en ella. Y le lanzaron al barranco... y sobrevivió. Dudo en seguir hablando de esto porque desde entonces ha estado protegido en diferentes aldeas. Le he visto sobrevivir a cosas físicas, pero los milagros han sido en la sanación, en el alimento, en encontrar lo suficiente para atender las necesidades de la gente.*

D: ¿Por qué le hicieron eso los soldados?

*A: Intentaban encontrar formas de destruirle, porque su poder estaba aumentando demasiado. Empezaba a tener muchos seguidores que ponían en tela de juicio las leyes romanas, su igualdad y justicia de vida. Estaban adquiriendo fuerza, y hablaban de rebelión, pero así no se trata a tu prójimo. Los soldados intentaban destruir al Nazareno y hacer que pareciese que otros lo habían hecho.*

D: ¿Lo hacían Sin ninguna autoridad?

*A: Tenían autoridad. La autoridad de su rey. (Con tristeza.) Pero lograrán lo que se proponen. Encontrarán suficiente gente de la oscuridad, y se saldrán con la suya.*

D: ¿Pero en ese tiempo le arrestaron? Dijiste que le habían torturado. Me gustaría saber qué ocurrió.

*A: (Fue como llamar su atención sobre la otra historia. Había estado pensando en el acontecimiento futuro.) Oh, sí. Se lo llevaron sin hacer mucho ruido. Parecía una táctica amistosa, pero era un secuestro. Hay laberintos y sótanos bajo los patios. Y le llevaron allí, le amenazaron y torturaron. Creían que con esto bastaría. Cuando descubrieron que no sucumbía, empezaron a infiltrarse en las calles, y hacían que otros realizaran sus fechorías. A muchos les pagaban. Muchos seguidores romanos pobres estaban dispuestos a hacer lo que les mandaran los soldados.*

D: ¿Dices que después de torturarle, le metieron en una carretilla?

*A: Sí, una especie de cajón. Le hicieron rodar hasta el barranco creyendo que seguramente esto le mataría. Pero no fue así. De modo que ahora siguen infiltrándose*

186

*en las calles y pagando a otros para que destruyan su reputación, para hacer que parezca lo que no es. Porque también hay muchos que pueden ser comprados y volverse como ellos. Y desde luego, le echarán la culpa a la gente del Templo. El Nazareno decidió seguir su propio camino porque descubrió que los que viven en el Templo eran tan crueles y manipuladores como los de los tribunales romanos. Así que...*

D: Yo hubiera creído que después de sobrevivir al lanzamiento al barranco, los romanos reaccionarían de diferente manera.

*A: Los romanos se atemorizaron aún más, porque saben que se están formando estas aldeas privadas. Sus seguidores van en aumento. Cada vez que cura, cada vez que algo ocurre, cada vez que alguien que antes tenía una personalidad oscura, camba —igual que el ciego— aumenta el número de creyentes. Si él sabe que alguno de los romanos intenta maltratarle, les hace frente con esto. Se da cuenta de quién se ha vuelto en su contra. Acudió —aun siendo consciente de que era un secuestro—, porque pensaba que podría sanar el núcleo interno de la jerarquía del gobierno. Y así decidió permitir que su ser físico pasara por lo que fuese necesario para su propio aprendizaje en esta Tierra.*

D: Entonces lo hizo con una finalidad, porque sabía que ocurriría. Hubiera creído que los romanos, después de verle sobrevivir, se darían cuenta de que no era un ser humano corriente.

*A: Esto fue para ellos más evidente, de modo que aceleraron su intervención en las calles. Sabían que a menos que pusieran las masas en su contra, no sobrevivirían, porque no podrían retener su poder. Así que viven con más miedo desde que él sobrevivió.*

D: Por eso no quiere darse prisa en volver a Jerusalén.

*A: Sí. Pero volverá, porque allí hay gente que le necesita. Él sabe que tiene que llevar a cabo sus planes y su misión, de modo que volverá.*

D: Tal vez por eso no quería llevarte de regreso a Jerusalén.

A: *Después de hablarle de mi visión y de que me dijera que en ella halita verdad y claridad, también me (Ivo que no había necesidad de que fuera con él. Mi misión era permanecer en la aldea donde me necesitaban y podía servir. Aquí podía crecer, y después mi siguiente camino se me volvería claro. Pero sé por qué no quiere que vaya. No quiere que esté allí. No hay razón para ir, pues ambos sabemos lo que sucederá.*

D: Creí que quizá temía llevarte a la ciudad, porque le estarían buscando.

A: *Sí, pero no hay necesidad de que yo vaya.*

Para mi sorpresa, en esta sesión Anna proporcionó las partes que faltaban de una historia que conscientemente desconocía. Cuando Jesús decidió volver a Jerusalén el domingo de Ramos, sus discípulos temían por su seguridad, pero la Biblia nunca explica por qué. Ahora resultaba obvio por qué no querían que volviese. Ya antes había estado expuesto a la tortura y a punto de morir varias veces.

Estaría a salvo si se quedaba en la región de Nazaret porque éstos eran los dominios de Filipo (hermano de Herodes Antipas), y estaba fuera del alcance de las autoridades de Jerusalén. Desde Cafarnaúm también podía evitar fácilmente a Herodes Antipas. Los romanos normalmente no enviaban a sus tropas tan lejos de su fortaleza en Jerusalén. También podía encontrar refugio en estas ciudades más pequeñas, si lo deseaba para él y sus discípulos. Podía ser más abierto en sus enseñanzas en estas comunidades, lejos de las grandes ciudades. Pero en algunos lugares, como en las cuevas alrededor del Mar de Galilea, sabía que tenía que ser más prudente, por la posible presencia de espías.

Debe haber sido misión de Juan hablar con los organizadores de las reuniones, y saber en qué lugares había peligro; en este caso, era necesario buscar Sitios ocultos para las reuniones. Jesús no iba a ciegas a estas zonas. Tenía información relacionada con la seguridad del grupo antes de que Juan le dejara entrar. Estaba a salvo en la aldea de los leprosos porque era un lugar evitado por todos, y sólo la gente leal y generosa como la de su grupo tenía la valentía y el interés de ir allí. En esos lugares no le preocupaba que le escuchasen espías puestos por Roma. Podía descansar y vivir una vida aparentemente normal. Probablemente por eso buscaba estos lugares aislados.

En Jerusalén había una gran diversidad de nacionalidades y religiones, y a muchos les resultaba difícil entender las enseñanzas de Jesús. Aun entre los judíos había diversidad de puntos de vista, espirituales y mentales, incluso paganos. Entre todos éstos estaban los nacionalistas, a menudo nativos de Galilea, para quienes Dios y pueblo, Dios y Jerusalén, Dios y el Templo, eran objetos inseparables. Ardían de indignación por cualquier cosa que no estuviese de acuerdo con esta unidad. Con todo esto como telón de fondo, a Jesús le percibían como no lo suficientemente nacional para los nacionalistas, demasiado anticuado para los saduceos, demasiado moderno y liberal para los fariseos, y demasiado estricto para la gente corriente de la calle. Él lo pasaba mal, intentando ser todo para todos.

En tiempos de Jesús, la única educación era «la educación en religión». A la gente le enseñaba que la Ley de Moisés era la enseñanza más importante y lo único en lo que debían cimentar su vida y su pensamiento. A los judíos no se les enseñaba a pensar por sí mismos, ni a plantear dudas a los rabinos o a los sacerdotes. En Jerusalén, Jesús era observado con suspicacia, porque pedía a la gente que fuese en contra de la única enseñanza que conocían. Les decía que prestaran oídos a una forma totalmente distinta de pensar, y muchos eran incapaces de hacerlo. Era mucho más fácil presentar sus ideas nuevas y radicales a los de los pueblos remotos, abiertos a escuchar ideas que fuesen contrarias a su educación.

No fue fácil para la gente escuchar y aceptar conceptos que eran totalmente opuestos a todo lo que les habían enseñado hasta entonces en la vida. Muchos le consideraron un radical peligroso, y sus enseñanzas, las incoherencias de un desquiciado mental. Los historiadores afirman que el famoso Sermón de la Montaña de Jesús nunca pudo haber sido pronunciado en la parte de Jerusalén, porque esa ciudad era un semillero de tradición. El sermón presentaba a los oyentes la oportunidad de ver más allá de la tradición y de la letra exacta de la Ley, hasta una aplicación nueva y más extensa de viejos refranes y verdades. Tal estado mental no se hubiese encontrado generalmente en Judea en ese tiempo, pero era exactamente lo que podía esperarse en la región de Cafarnaúm.

Jesús había puesto a los rabinos, sacerdotes y judíos tradicionales en su contra porque creía que los sacerdotes del Templo se concentraban demasiado en los rituales y en la ejecución de las ceremonias. No tenían en cuenta los problemas ni los intereses de la gente. Jesús vio que había un conflicto mayor del que existía entre la tiranía de Roma y la creencia judía de ser el pueblo elegido de Dios.

La gente de Palestina tema una causa real para temer a los romanos. Durante la vida de Jesús, al principio del reinado de Herodes Antipas, algunos judíos intentaron rebelarse. Fueron derrotados por la fuerza superior de los romanos, y dos mil judíos fueron crucificados como castigo. El pueblo vivía bajo la opresión de un duro gobernante, pero su esperanza de un redentor, un mesías, un salvador, que los sacase de ella, era indicio de que deseaban un derrocamiento del gobierno existente y el retorno de sus libertades perdidas.

Los zelotes empleaban estas emociones para dar pábulo a su causa. Pensaban que Jesús sería el nuevo rey en el sentido literal, que estaría hombro con hombro con ellos en una verdadera guerra para liberar al país. Les indignaban sus modos suaves y que hablara de amor, porque esperaban que la violencia fuese la respuesta. A Judas Iscariote se le reconoce ahora su probable pertenencia a los zelotes. Ésta fue una de las razones ocultas de su traición a Cristo: él pensaba que podía obligar a Jesús a luchar, y el resto de la gente se uniría. Los romanos eran muy conscientes de la delicada situación en Jerusalén, y el posible peligro que representaba cualquiera que pudiera aparecer como líder.

Cuando Jesús entró en la ciudad el domingo de Ramos, exaltado por la multitud que le aclamaba, los romanos se dieron cuenta de que tenían que deshacerse de él a cualquier precio. Su popularidad había crecido hasta convertirse en una amenaza para ellos. La gente le reconocía como el tan esperado Mesías que los liberaría de la opresión y esclavitud de los romanos. Él era el hombre que suprimiría el yugo. Las autoridades vieron que este hombre, Jesús, podía ser el que instigaría al pueblo a rebelarse. A este hombre manso no se le podía tolerar más. Tenía que ser eliminado.

Mi investigación reveló que la parte subterránea de Jerusalén está plagada de antiguos pasadizos y cámaras secretas. Estas zonas, secciones de dos muros, son las únicas partes que permanecen de la ciudad bíblica original. Había muchas cámaras bajo el emplazamiento del Templo. Algunas las usaban los soldados romanos para proporcionar acceso secreto desde su fortaleza en un extremo del muro del Templo hacia otros puntos, como medio de defensa. Es lógico suponer que Noemí se refería a esta zona, donde Jesús fue llevado para ser interrogado y torturado, creyendo poder así intimidarle y hacer que renunciara a sus radicales enseñanzas.

El barranco al que dice Noemí que fue arrojado, se menciona en todos los informes históricos sobre la antigua ciudad. En tiempos de Jesús, la ciudad estaba dividida por un barranco llamado Valle de Tiropeón, que se cruzaba por medio de un puente. En el lado este del elevadísimo muro del Templo se hallaba el barranco de Cedrón o Valle del Cedrón, que también se cruzaba por un puente desde el Monte de los Olivos. Josefo dice que este valle era tan profundo que, desde lo alto del muro, no se podía ver el fondo. Según la investigación histórica, Santiago, el hermano de Jesús, fue asesinado allí, cuando fue arrojado al barranco desde el muro. Esto ocurrió en la turbulenta época que siguió a la muerte de Jesús en la cruz. Estos valles ya no existen.

Si Jesús pudo sobrevivir a la tortura y a los intentos de muerte de los romanos, entonces debería ser evidente que habría podido escapar de ser arrestado y crucificado. Murió sólo porque así lo decidió. Como dice Jesús en la Biblia (Juan 10,1718): «Porque yo entrego mi vida, aunque sea para recobrarla de nuevo. Nadie me la quita, sino que yo voluntariamente la entrego. Tengo el poder de entregarla y tengo el poder de recobrarla». Si no hubiera decidido que había llegado su momento de ascender, si esto no encajara en su pauta de vida, no habría permitido que los romanos lo mataran. Es evidente, según esta historia, que tenía gran control sobre su cuerpo, incluso hasta el punto de poder sobrevivir a lo que hubiese matado a otros no tan evolucionados. Él supo y comprendió su misión hasta el punto de que tenía control del instante y método de su muerte.

# 10 - Relato de Noemí sobre la crucifixión

Pasó otro mes y casi llegó la Navidad de 1987 antes de poder tener otra sesión. Rara vez tengo sesiones durante los meses de invierno debido a la posibilidad de mal tiempo y las fuertes nevadas que pueden caer en Arkansas. No me gusta la idea de quedar desamparada en esas carreteras nuestras de montaña, una vez que ha oscurecido. Es la época de hibernación en nuestra región montañosa de Ozark, pero deseaba terminar la historia de Anna sobre la relación de Noemí con Jesús. En esta época estaba escribiendo los dos primeros libros de Nostradamus, y mi atención estaba dedicada de lleno a esa información tan densa y complicada.

Pronto resultó evidente que no importaba el tiempo que pasara entre una y otra sesión. Anna podía retomar la historia en el punto exacto cada vez, como si no hubiese habido interrupción alguna. Entretanto seguía con su propia vida, y decía que ni siquiera pensaba en la historia de la regresión. Esto representaba para mí mayor evidencia de que no era producto de la fantasía, porque no había una irresistible compulsión a continuar con las sesiones. Era algo casi secundario en su ocupada vida. Su atención sólo se centraba en ella en el momento de la sesión. Cuando Anna despertaba, podía manifestar confusión e incredulidad, pero volvía a casa y se concentraba de nuevo en su rutina diaria. Noemí retrocedía hasta lo más recóndito de su subconsciente, hasta lo más recóndito del tiempo. A medida que avanzaba la historia, daba la impresión de que Noemí no estaba presente en Jerusalén cuando Jesús fue crucificado, porque él le había dicho que permaneciera en la aldea. Realmente creo que, de todas formas, ella no hubiera querido estar presente. Hubiera sido durísimo y desgarrador para cualquiera que hubiese estado íntimamente asociado con él observar tan horrible espectáculo. Ella parecía tan sensible y amorosa como lo es Anna actualmente en su vida real, y no hubiese podido presenciar semejante escena. Pero creí que seguramente habría tenido noticias y diferentes versiones de lo ocurrido. Podíamos aprender mucho de esos relatos. Empleé la palabra clave de Anna e hice la cuenta atrás a través del tiempo.

D: Volvamos al tiempo en el que Noemí vivía en la casa de Bendavid, y Jesús acababa de hablar con ella. Volvamos a ese tiempo. ¿Qué haces? ¿Qué ves?

A: *Estoy apoyada en un árbol. He salido a caminar. He pensado mucho. Parece que veo mi futuro con más claridad.*

D: ¿Quieres compartirlo conmigo?

A: *(Con tristeza, pero no tan emotiva como antes, con serena resolución.) Sé que mi destino es continuar las peregrinaciones del Nazareno, y servir en las aldeas y lugares donde la gente necesita ayuda. Tengo que volver a las colonias de leprosos para servir. Mis visiones están llenas de verdad. Sé que mi tiempo con el Nazareno se acerca a su fin.*

D: ¿Qué quieres decir?

A: *Que ya no estará mucho tiempo con nosotros físicamente.*

D: ¿Es por la visión que tuviste?

A: *Sí. Y cuando hablamos, él me dilo que había visto la*

194

*verdad. Dijo que su misión y propósito de caminar entre la gente se acercaba a su término, porque su propósito casi había llegado a su final en su cuerpo físico.*

D: ¿Has decidido lo que vas a hacer?

*A: Me quedaré en esta aldea mientras me necesiten. Después najaré con pequeños grupos que prestan servicio a los que están en lugares a donde casi nadie iría. Quiero servir donde la gente más lo necesita, y hay un grupo que hace peregrinación todo el año. Creo que ése es ml destino.*

D: ¿Se ha ido ya el Nazareno?

*A: Se marchará por la mañana.*

D: ¿Sabes adónde?

*A: Creo que hará una última peregrinación. Y después se encaminará a Jerusalén. Hay gente con la que tiene que reunirse.*

D: ¿Qué clase de gente? ¿Lo sabes?

*A: Sé que tiene que ver a algunos de sus seguidores. Y sabe también que los que quieren hacerle daño vendrán pronto a buscarle. Y debe prepararse.*

D: ¿Te dijo algo sobre lo que sabe?

*A: No, no claramente. Sólo me dijo que lo que yo había visto era verdad, y que estarzamos en contacto, pero no ya en nuestros cuerpos físicos.*

D: Me preguntaba si pensabas ir con él por la mañana.

*A: No, no quiere que vaya con él. Ahora mismo desea que me quede en esta aldea. Siente que mi servicio en una peregrinación es muy importante. Que serviré mejora la causa y al espíritu quedándome sana y salva donde pueda.*

D: Siempre estás dispuesta a hacer lo que él quiere de ti.

*A: Sí, aunque a veces es difícil. Sé que aquí me necesitan realmente. A veces me siento muy vieja. Me siento en paz con mi decisión, porque hay tanta claridad en mis visiones que sé lo que va a ocurrir. Y éste es el plan de*

*Dios, así que lo acepto con fortaleza.*

D: Sí, porque si él también sabe lo que va a ocurrir, podría evitarlo si quisiera.

*A: Pero él fue enviado aquí para un propósito, igual que todos nosotros. Y su propósito se ha cumplido. Así que al ascender seguirá evolucionando, y haciendo el bien mucho más que si se quedara en el cuerpo físico que ahora tiene. Así que lo hace para su propia evolución en el espíritu.*

D: ¿Tienes algún deseo de volver a Jerusalén para ver a tus padres?

*A: Sí, pero eso será más adelante.*

D: Bien. Adelantémonos hasta la mañana siguiente cuando él se prepara para marchar. ¿Le has visto antes de que se marchara?

*A: (Con tristeza, casi llorando.) Sí. Algunos se van con él. (Susurro, voz casi inaudible.) Y... a mí... me resulta algo difícil (empezó a llorar) porque sé... sé que su camino va a estar lleno de dolor y de acusaciones. Y sin embargo le veo, y sus ojos son muy dulces y tiernos. Veo el destello dorado en el centro de su corazón y en torno a su cabeza. (Su voz se* quebró.) Y no puedo encontrar las palabras. Es duro verle marchar esta vez.

Esta emoción era contagiosa. Era difícil interrumpirle, y era importante hacer avanzar la historia.

D: Pero has dicho que salían en peregrinación, ¿verdad?

*A: Sí... y para él será la última.*

D: ¿Se despidió de ti?

*A: (Con suavidad.) Sí. Me puso las manos en el rostro y me miró y... me deseó que continuara caminando guiada por mi corazón y mi espíritu. Y ésa es la verdad. (Llorando.)*

D: Sé que te has sentido muy cerca de él, por eso te resulta tan doloroso. Pero es verdaderamente maravilloso haber tenido contacto con una persona como él. Bien. Salgamos de la escena, y vayamos adelante. Quiero que vayas a la siguiente ocasión en la que ves y tienes contacto con él, si es que la hay.

No creí que hubiera una siguiente vez, puesto que ella estaba tan segura de no verle de nuevo antes de morir, pero pensé: «ya veremos». Creo que aún esperaba que hubiera una forma de hacerla llegar a Jerusalén a tiempo para presenciar la crucifixión y ofrecer el relato de un testigo ocular.

D: Adelantemos el tiempo hasta la vez siguiente en que te encuentras con él.

Cuando terminé la frase, hubo en ella un estallido de emoción y de lágrimas. Pensé que quizá estaba presenciando su muerte.

D: Está bien. Si algo te molesta demasiado, siempre puedes verlo como un observador. ¿Qué ocurre?
A: *(Con lágrimas.) Estoy... es... ¡oooh!*
D: ¿Qué pasa?
A: *Estoy en el camino, y voy andando hacia la aldea de los leprosos. Y él ya se ha ido. Quiero decir, ya ha pasado por su muerte física. Sin embargo allí está... ¡le veo! ¡Le veo en el camino!*
D: ¿Puedes decirme qué aspecto tiene?
A: *(Llorando.) Tiene el mismo aspecto. Sólo que lleva una túnica nueva, pero su aspecto es el mismo.*
D: ¿Como si fuese físico, quieres decir? ¿Hace mucho tiempo que se ha ido?
A: *Oh, me parece que unos cuantos meses.*
D: ¿Qué ocurre?
A: *(Casi vencida por la emoción.) Él... no habla con la boca,*

197

sino con su mente. *Quena que supera que está siempre conmigo, y que me ama. Y que se enorgullece de mi por haber tenido la fuerza para seguir sirviendo. Y que no me preocupara por mí, sino por aquellos que no pueden valerse por sí mismos. Por esto eligió este momento para dejarse ver por mi.*

D: ¿Estás sola en ese camino mientras le ves?

A: *Sí. Me tomé un descanso y salí de la aldea. Suelo hacer esto. Pasear. No hay peligro. Hago paseos cortos cuando necesito pensar o simplemente alejarme para estar sola durante un tiempo.*

D: Entonces nadie más le vio. ¿Se comunica contigo mucho rato?

A: *No, pero me dice que está conmigo, que se quedara conmigo y aparecerá ante mí. Y que está en un lugar mejor, donde tiene cosas que hacer, donde le necesitan. (Sonríe.)*

D: ¿Y después se marchó?

A: *(Suavemente.) Parece haber desaparecido. Estoy sola de nuevo en el camino.*

D: Debes de haber oído las historias de lo que le ocurrió. ¿Me lo puedes contar? (Pausa.) No estuviste allí, ¿verdad?

A: *(Aún emocionada.) No. Pero estaban los soldados romanos, por lo que entiendo, y fue arrestado. Y le juzgaron culpable. (Casi inaudible.) Y le condenaron... a muerte.*

Tenía que hacer preguntas como si desconociese la historia bíblica, para no influir en ella, y obtener su versión imparcial.

D: ¿Sus amigos no pudieron hacer nada?

A: *No tenían suficiente fuerza. No se puede combatir a los soldados romanos a menos que tengas más fuerza, más poder del que tienen ellos.*

198

D: No creí que pudieran condenar a alguien a muerte sin motivo.

A: *Dijeron que habla vituperado al... gobierno romano. También a algunos de los jefes religiosos les parecía que había blasfemado contra Dios y sus enseñanzas. Creyeron que no podían permitir que este hombre viviera, que propagara este tipo de cosas contra el gobierno, y contra el Templo. Y creyeron que él era... creyeron... (Su voz se quebró.)*

D: ¿Qué?

A: *(Recuperó la serenidad.) Creyeron que lo que él decía no contenía ninguna verdad, y que había estado mintiendo a todos. Dijeron que no podía hacer milagros. Trataron de obligarle a realizar milagros. Y no pudo. Y luego hubo disturbios. Sus seguidores, los más cercanos, peleaban con los soldados en la calle. Y hubo gente a la que pisotearon y abandonaron moribunda.*

D: ¿Quieres decir que sus seguidores luchaban contra los romanos por lo que decían?

A: *Sus seguidores intentaban protegerle.*

D: ¿Para evitar que le arrestaran?

A: *Sí, pero no había suficientes.*

D: ¿Entonces algunos de ellos se morían en las calles?

A: *Sí. Los soldados empezaron a pelear, y luego toda la ciudad se volvió loca. Pisoteaban a la gente y los soldados perseguían a cualquiera.*

D: Has dicho que trataron de que hiciera milagros y él no pudo. ¿Crees que no pudo o no quiso hacerlos?

A: *Creo... (Con firmeza.) Creo que de todas formas habrían encontrado la manera de matarlo. El sabía que los milagros pueden ocurrir para cualquiera. Pero si ellos no creen que pueden ser curados o que las cosas pueden cambiar, no sucederá. Él no podía hacer que un ciego viera si el ciego no quería ver. O si había algo más que el ciego tenía que hacer.*

D: Creo que le estaban poniendo a prueba.

A: *Una prueba calculada para que él fracasara, y él lo sabía. Hizo ese viaje sabiendo cuál sería el desenlace. Sabía lo que iba a ocurrir. Ellos no le habrían puesto una prueba a la que pudiese sobrevivir. Se sentían demasiado amenazados.*

D: De todas formas, sería difícil hacer milagros en esa clase de ambiente.

A: *Sí. Y tampoco era ése su propósito al caminar entre la gente. Así que le hicieron un... juicio, pero fue una burla. Después planearon su... muerte.*

D: ¿Sabes cómo le mataron? (Noemí exhaló un profundo suspiro.) Sé que te duele contestar a estas preguntas, pero sólo quiero saber lo que te dijeron.

A: *Bien, ellos matan a la gente... hacen cruces de madera. (Daba la impresión de que «cruces» era una palabra desconocida para Noemí.) Así es como condenan a la gente a morir... en la peor forma en estos tiempos. Levantan esas cruces de madera y allí clavan a la gente. Y los dejan allí hasta morir. Así matan a la gente, a mucha gente. Especialmente a los que quieren convertir en ejemplo para otros. Quieren asegurarse de que controlan a las masas gracias al miedo.*

D: Parece una manera terrible de hacerlo. ¿Has oído algunas otras versiones de lo que ocurrió?

A: *Se cuentan muchas historias. Realmente, no sé lo que es verdad. Pero algunos dicen que le vieron morir en una cruz, y sin embargo le vieron aparecer ante ellos al atardecer del día siguiente. Y dicen también que no podían encontrar su cuerpo. He oído muchas cosas.*

D: ¿Has hablado con alguien que hubiese estado allí cuando él murió?

A: *Sí. He hablado con gente que le vio en la cruz.*

D: ¿Te han dicho si ocurrió algo mientras moría?

A: *Dijeron que de alguna manera podía controlar el dolor.*

D: Eso es maravilloso. Entonces sabes que no sufrió.

*A: He oído a alguien decir que vieron la misma clase de destello que yo veía desde el centro de su corazón y desde su cabeza. Vieron las mismas luces doradas. También vieron que cuando fue descendido de los maderos, había una gran calma en su rostro. (Pausa de reflexión.) Pero dicen que la gente le vio aparecer después.*

D: ¿Estuvo colgado mucho tiempo? He sabido que se tarda mucho tiempo en morir de ese modo.

*A: No recuerdo exactamente. No recuerdo...*

D: Pero él pudo controlar el dolor.

*A: Sí. Mucha gente me lo ha dicho. Estaban sorprendidos de lo sereno que estaba. Era como si no estuviese allí. (Pausa.) Antes del amanecer estaba... Sé que le bajaron mucho antes del amanecer.*

Esta misma afirmación, sobre que Jesús no sufrió y que aparentemente no sintió dolor, se menciona en Jesús y los Esenios. Como si él mismo desapareciera, tal vez saliendo de su cuerpo. Sea como fuere, Jesús sabía cómo separarse de lo que su cuerpo estaba experimentando. También se menciona que murió en un lapso de tiempo mucho más breve del habitual en una crucifixión. De modo que, aparentemente, tuvo un completo control sobre su cuerpo físico.

D: ¿Dijiste que habías oído decir a la gente que no encontraron su cuerpo?

*A: Es lo que he oído.*

D: ¿Qué has oído?

*A: Que tendieron su cuerpo y lo cubrieron. Y que había soldados montando guardia.*

D: ¿Por qué había soldados allí?

*A: Creo que los romanos teman mucho miedo de sus seguidores y de la popularidad que él tema. Estaban muy preocupados.*

*Así que, supongo que pensaban que era un prisionero del gobierno.*

D: ¿Incluso después de morir?

*A: Sí. Estaban tan atemorizados porque él había llegado a tener mucho control. Por eso no podían permitir que siguiera vivo. He oído que los seguidores irían a recoger el cuerpo.*

D: ¿Por eso había soldados allí?

*A: Sí. Pero dicen que cuando fueron a quitar la losa, el cuerpo no estaba allí. Esto es lo que dicen. (Risas sofocadas, como si fuera absurdo.) No sé. Los soldados fueron a cerciorarse. Creo que finalmente permitieron ver el cuerpo a los seguidores y a la familia. Y creo que el gobierno en último término pudo haber entregado el cuerpo a la familia. Pero cuando fueron a comprobarlo, dijeron que ya no estaba. No sé lo que pudo pasar. Quizá drogaron o emborracharon a los soldados. Tal vez los seguidores se llevaron el cuerpo. Pudieron haberse hecho muchas cosas para que pareciera que el cuerpo había desaparecido por sí solo.*

D: Es difícil de creer, ¿verdad?

*A: Sí. Se cuentan muchas historias por ahí. Y si no estuviste allí... aún más. Las historias crecen antes de llegar a ti. Pero sé que el gobierno y el Templo tenían miedo de los seguidores, de su poder; no querían oír hablar sobre los milagros y curaciones que se realizaron. Se sentían amenazados, así que a la larga habrían encontrado la manera de matarlo.*

D: Sí, creo que le consideraban una amenaza. Pero sabemos que nunca hizo nada que dañara a nadie. ¿Dices que también habías oído decir que se había aparecido a gente? ¿Quieres decir, de la misma forma en que apareció ante ti en el camino?

*A: Dicen que empezó a aparecerse en la misma Jerusalén.*

D: ¿Sabes a quién se le apareció?

*A: No. A distintos grupos de gente. Sólo he oído que empezó a aparecer en diferentes lugares.*

D: Me pregunto si tenía la misma apariencia que cuando tú le viste, o si era como un espíritu. ¿Sabes si le reconocieron?

*A: Dicen que apareció y luego se fue. Pero que su apariencia era la misma. Le reconocieron.*

D: ¿Alguno dijo si les había hablado o no?

*A: (Pausa.) Un grupo dijo que le oyeron decir que los perdonaba. No sé lo que han dicho los demás, pero no siempre ha hablado. A veces sólo aparece.*

D: ¿Sabes si apareció ante otros de sus seguidores, además de ti?

*A: Sí. He oído que se les apareció... y que les dijo que los perdonaba a todos, que debían encontrar la fuerza para vivir la verdad y continuar la enseñanza de Dios.*

D: ¿Qué crees que les quiso decir a sus seguidores con que «los perdonaba»?

*A: Porque hubo alguno, de hecho más de uno, que le traicionó. Los romanos tenían que saber cómo engañarle públicamente.*

D: ¿Qué te han contado sobre eso?

*A: Los romanos encontraron seguidores que se dejaron comprar con poder o riqueza.*

D: Hubiese creído que ninguno de sus seguidores haría eso.

*A: Había muchos que se decían seguidores, pero a los hombres se los puede tentar enseguida cuando se trata de hacer más fácil su vida. Y no muchos lo lamentan después.*

D: No puedo creer que alguien que había estado cerca de él y caminado con él fuese capaz de traicionarlo.

*A: Los romanos salman a quiénes dirigirse.*

D: ¿Cómo le traicionaron?

*A: Proporcionaron a los romanos información que serviría para urdir un plan engañoso, para poder acusarle, y lograr su fracaso. Se les ocurrió la idea de presentar un desafío en el que fracasaría. Harían que alguno no fuese sanado y que no ocurriera un milagro. Sabían cómo hacer aparecer ante el público que el Nazareno era falso. Que este hombre estaba en contra del pueblo. Se congregó una inmensa multitud y los soldados romanos empezaron a interrogar al Nazareno en público y a acusarle y hacerle parecer un necio. Era una gran muchedumbre. Cuando no pudo hacer lo que le pedían, entonces gritaron: «No ha hecho nada de lo que la gente dice que ha hecho. Es una especie de... demonio». Convirtieron a la multitud en populacho. Hubo un amotinamiento.*

D: Pero una vez me dijiste que ya antes habían tratado de ponerle este tipo de pruebas, y que Jesús pudo desenmascararlos. ¿Por qué no lo hizo esta vez?

A: *Él sabía que había llegado su hora. Es así como tenta que ascender. Lo supo cuando toda hostilidad se volvió contra él. Supo que la gente, las masas, no estaban preparadas para su camino de verdad y vida. Sabía que habla un grupo pequeño de gente que continuaría su trabajo. Pero sabía que este mundo era excesivamente brutal y primitivo, y así cumplid su propósito. Para entonces, él ya habla hecho todo lo que podía. Y había llegado su momento de trabajar desde un plano distinto.*

D: ¿Has oído decir que otra gente le haya visto después de morir?

A: *Sí. A medida que pasaban los meses empecé a oír que se había aparecido en algunas de las pequeñas aldeas a las que solía ir, donde había seguidores. Y... oigo estas cosas pero yo... dicen que él ha hecho curaciones y milagros. Sé que es probable que la gente le haya visto; pero más bien creo que son seguidores, los que viven a través del corazón y en la verdad, los que hacen las propias curaciones. Y que tienen este sentimiento de que, por haberle visto, es él quien ha realizado los milagros. Sin embargo, creo que el hecho de verle les ha dado fuerza y fe para continuar.*

D: Es posible. Bien, ¿qué les ocurrió a los seguidores?

*A: Viven con un gran temor. Los de la ciudad, que se sienten a salvo, siguen con sus reuniones subterráneas. Y los de las aldeas distantes siguen con sus vidas. Siguen siendo sus seguidores, porque pueden serlo sin que el gobierno lo sepa. Y luego, los que salen en peregrinaciones... bueno, de todas formas, a nadie le importa la gente a la que ellos ayudan. Así que están relativamente a salvo.*

D: A los romanos no les parecen una amenaza.

*A: No. El gobierno no se preocupa de los leprosos ni de las aldeas pobres. No les prestan ningún auxilio. Y nadie quiere atender a los enfermos. Tienen miedo de las enfermedades. Así que estamos a salvo.*

D: Tal vez crean que, de todos modos, sin un líder los demás no harán nada...

*A: Es verdad. Así que pueden mantenerlo en secreto y bajo la superficie, e incluso continuar enseñando y viviendo la verdad de la mejor manera posible.*

D: Te agradezco que me cuentes lo que has oído. Al menos sabes que tú le has visto, que esa parte es verdad.

*A: Sí, y le siento. Quiero decir, me siento llena. Sé que él está conmigo.*

D: ¿Aún no has vuelto a Jerusalén para ver a tus padres?

*A: (Suspiro.) Lo haré en mi próxima peregrinación hacia esa zona.*

D: Probablemente se preguntan qué ha ocurrido...

*A: Les he enviado varios mensajes con gente que iba en esa dirección. Y espero que los hayan recibido.*

D: Cuando tengas oportunidad de hablar con ellos, tal vez sepas más de lo ocurrido, porque estaban en la misma ciudad. Bien. Ahora dejemos esa escena, y adelantémonos al momento en que vas a Jerusalén para ver a tus padres. Vayamos a ese momento. ¿Alguna vez volviste a

Jerusalén?

*A: Sí.*

D: Supongo que fue muy emotivo después de no verlos en mucho tiempo.

*A: Sí. Están... oh, me di cuenta... bueno, yo soy mucho mayor. Así que noté en ellos el paso del tiempo, pero también la tristeza. Tienen una tristeza serena.*

D: ¿Sabes lo que la ocasionó?

*A: Sólo la agitación en el gobierno, y el verse arrastrados en tantas direcciones. Para ellos ha sido muy duro. Creían en lo que decía el Nazareno, pero no eran verdaderos seguidores. Se mantenían en algunas de sus creencias tradicionales, pero tampoco creían del todo en las leyes del Templo por su crueldad e injusticia. Así que hacían lo mejor que podían simplemente para sobrevivir día tras día.*

D: Pero ¿no has dicho que tu padre era hermano del Nazareno?

*A: Era su medio hermano, pero estaba en desacuerdo con algunas de sus creencias. Creo que después de lo que padecieron por la forma en que él murió, y sabiendo que le habían acusado de cosas que no eran ciertas, perdieron en parte su fe. Sencillamente se mueven por puras fórmulas, viven el momento, según parece.*

D: Sí, puedo entenderlo. ¿Puedes preguntarles si estaban allí cuando él murió?

Empezó a hablar lentamente, como si les estuviera preguntado; ellos respondían, y ella lo repetía.

*A: (Con tristeza.) Le vieron en la cruz. Y oraron. Mi padre dice que hubo un momento en el que levantó la mirada, y sus ojos se encontraron. Dice que stnti0... stnt10 ternura y amor. (Emocionada.) Y no era de este mundo, dijo.*

206

D: ¿Puedes preguntarle si ocurrió algo extraño o fuera de lo normal? (La expresión de su cara mostró emoción.) ¿Qué?

A: *Bueno... (Profundo suspiro.) Dice... y es como si yo lo viera a través de los ojos de mi padre. Dice que cuando le descendieron tuvo la visión de su hermano con una túnica limpia, como si estuviese en otro cuerpo... (Llorando.) Como si el cuerpo físico fuese por un lado y su otro cuerpo que aparecía tal como lo conocía cuando estaba entero y sano, fuese por otro lado. Vio lo mismo que vi yo en el camino. (Llorosa.) Y describió lo mismo y sintió lo mismo.*

D: Pregúntale si llegaron a sus oídos las historias sobre la desaparición del cuerpo. ¿Sabe algo de eso?

A: *Sí. Dice que a la mañana siguiente fueron a recoger su cuerpo. Abrieron la losa de granito, y el cuerpo no estaba.*

D: ¿Vio él que no estaba?

A: *Sí, pero realmente no sabe cómo explicarlo. Porque, como yo, dice que pudieron ocurrir muchas cosas, entre los soldados y algunos de sus seguidores más íntimos y la gente religiosa. Después de lo que vio en la cruz, mi padre cree que el cuerpo físico no significaba nada. Pero dice que no había ningún*
*cuerpo.*

D: ¿Había alguien más con tu padre cuando fue allí?

A: *Dice que algunos de los seguidores que caminaban con el Nazareno. Tal vez una docena.*

D: ¿Qué pensaron los soldados al ver que el cuerpo no estaba?

A: *Al principio los soldados se quedaron aturdidos. Luego se enfadaron, porque sabían que los harían responsables de lo que había ocurrido. Pero había un desconcierto total porque no teman ni idea de cómo había desapareado el cuerpo.*

D: Entonces podría parecer que no tenían nada que ver con eso.

*A: No. Hay varias clases de hierbas que, mezcladas con comida o bebida, pueden hacer dormir a la gente. Así que, no sé. Había muchas maneras de hacer que esto ocurriera. Los soldados no recuerdan nada, según dicen.*

D: Sí, eso parece verosímil. ¿Podía alguien más haberse deslizado junto a ellos y llevarse el cuerpo?

*A: Es posible.*

D: ¿No fue sellado el lugar donde estaba?

*A: Fue colocado en una tumba, vigilada por los soldados. Habría hecho falta un buen plan para llevarse el cuerpo, si es que no desapareció por sí solo.*

D: ¿Crees que es posible que alguien se lo llevara?

*A: No lo creo.*

D: Sería extraño.

*A: Sí. No sé qué pretenderla con esto el gobierno, los seguidores, los jefes religiosos, o quienquiera que lo hubiese podido hacer.*

D: Sí, pero, de todas formas, el cuerpo desapareció. Creía que la tumba se sellaría para que nadie pudiera entrar.

*A: Así debía ser. De hecho, se habrían necesitado más de dos personas para quitar la losa de entrada a la tumba. Era muy pesada. Hubiera sido necesario un plan.*

D: ¿Vas a quedarte mucho tiempo con tus padres?

*A: No, conmigo hay otros seguidores que han venido a Jerusalén. No salgo de viaje sola. Normalmente somos un pequeño grupo.*

D: Bien, sé que tus padres se alegran de verte y de que los visites.

*A: Sí. Me alegro de verlos. Pero este lugar me resulta muy ajeno.*

D: Ha pasado mucho tiempo desde que te fuiste...

*A: Sí. Y todo el ambiente de esta región no me sienta bien.*

D: Supongo que ha habido muchos cambios desde que te fuiste. *Tú* has cambiado en muchos aspectos desde que saliste de la casa de tus padres.

A: *Sí. (Risas sofocadas.) Eternidades.*

D: Muchos cambios. Muy bien. Ahora dejemos esa escena porque quiero que avances una vez más hasta un día importante en tu vida que haya tenido lugar después de esa ocasión. Un día importante en el que ocurrió algo que tu consideres clave. Contaré hasta tres, y estaremos allí. Uno... dos... tres... es un día clave en tu vida. Un día que tu consideras importante. ¿Qué haces? ¿Qué ves?

A: *Estoy en una aldea. Y soy mucho mayor. (Su voz sonaba efectivamente así.) Pero hemos conseguido hacer que se desarrollara una comunidad basada en la verdad y en las enseñanzas del Nazareno y de Dios. Sé que este grupo seguirá enseñando a otros, y nunca morirá. Y que algún día esta esperanza que él tenía para la humanidad se convertirá en lo que él quería que fuese. Creo que este día es importante, sobre todo porque sé que mi propio momento se acerca. Y puedo ascender con un corazón pleno, sabiendo que he enseñado a muchos, y que son sinceros. Ellos seguirán enseñando y creciendo. Esta vez me he quedado con esta familia mía muchos años en esta comunidad. Y estamos a salvo. A salvo del gobierno y de la religión. Aún podemos salir en peregrinaciones y servir. Cada vez somos más, y somos fuertes.*

D: ¿Alguien le ha puesto nombre a tu aldea?

A: *Sí. La hemos llamado Bethsharon. (Fonéticamente, con el acento en la última sílaba.)*

Mi asesor judío dice que Beth, delante de un topónimo significa «casa» (un ejemplo es *Bethlehem* [Belén], que significa «Casa de Pan»). Dice que Bethsharon podría significar «Casa de Rosas», porque *sharon* es una flor. Esto sonaba convincente y de acuerdo con la toponimia judía. Más adelante, cuando realicé mI Investigación, descubrí una ciudad que existió en tiempos de Cristo, y se encontraba directamente junto al río Jordán, en un lugar apropiado. Era Bethshean (que significa «Casa de Descanso», «Casa de Tranquilidad», «Casa de Protección», o «Morada Silenciosa»). Bethshean era más conocida en tiempos de Cristo por su nombre griego *Scytholopolis*, y era una ciudad grande. Es muy probable que la aldea de los leprosos no fuese una gran ciudad, pero el nombre judío tendría relación ciertamente con un lugar de aislamiento. Son sólo suposiciones, pero tal vez cuando el nombre griego adquirió importancia, los seguidores de Jesús eligieron el nombre judío para la aldea más pequeña. Tal vez el nombre fuese realmente Bethsharon, y Bethshean sea sólo una semejanza fonética aproximada. Se sabe tan poco de la toponimia de las ciudades durante ese tiempo, que cualquier cosa es probable.

D: ¿Te casaste alguna vez?

A: *No. (Risa sofocada.) Eso fue hace mucho tiempo. Sabía que estaba casada con mis creencias. Y que sólo podía llevar a cabo la tarea más auténtica, la mejor, estando sola y teniendo libertad para ir de un lado a otro y servir. No habría podido enseñara todos esos niños, ni ayudar a todos los huérfanos, ni formar nuestra familia si me hubiese casado.*

D: Como dijiste que estabas allí con tu familia, creí que te referías a eso.

A: *La aldea entera es mi familia. Todos formamos una familia.*

D: ¿Volviste a ver a Jesús, además de aquella vez en el camino?

A: *Sí. Se me aparece de la misma manera de vez en cuando. Y creo que a medida que me he ido haciendo mayor, también le veo más en mi mente. Cuando salgo a caminar sola es cuando aparece.*

D: ¿Sigue teniendo el mismo aspecto?

*A: (Amorosamente.) Sí.*

D: ¿Qué te ha dicho en esas ocasiones?

*A: Oh, ha habido muchas cosas. Pero principalmente él mantiene viva la esperanza. Me dice también que sus enseñanzas y la verdad volverán a crecer de nuevo a través del corazón de la gente. Y que de este modo él volverá a aparecer. Sabe que la humanidad puede vivir sin las barreras del gobierno y de la religión. Sigue dando esperanza y valor a los que enseñan la verdad.*

D: ¿Crees que quiere que empieces una nueva religión?

*A: No, no. Sólo quiere que se extienda la verdad de amarnos los unos a los otros, ser auténticos para el espíritu, que es Dios. Nunca quiso ninguna deificación. Quiso que amaramos a los demás como querríamos que los demás nos amaran.*

D: ¿Hay alguien que hable de empezar una religión en torno a él y sus enseñanzas?

*A: Bueno, hay muchos que han seguido adelante. Algunos de sus discípulos han intentado conseguir poder por medio de sus enseñanzas, demostrando que el suyo era el único camino. Pero eso no es la verdad. Ese no era su estilo. Así que están creando exactamente aquello de lo que él se alejaba cuando saltó del Templo. Eso es lo que ocurre.*

D: ¿Qué diferencia hay entre llamar a algunos de ellos «discípulos» y a otros «seguidores»?

*A: Cuando pienso en los discípulos, pienso sobre todo en este pequeño grupo que estaba con él. Pero seguidores son todos aquellos que creían en su palabra, las masas.*

D: Me lo preguntaba porque tú también estuviste con él un tiempo.

*A: Sí. Pero yo simplemente conocía mi propósito. Tenía claridad. Tenía algo muy especial. No deseaba tener control Sólo quería ser auténtica.*

D: Entonces algunos de ellos querían poder, y eso no es lo que él quería, ¿verdad?

*A: En absoluto. Por eso dejó la Tierra siendo tan joven. Sabía que aún no era el momento. Había hecho todo lo que podía.*

D: Muy bien. Te agradezco que hayas hablado conmigo y me hayas contado todas estas cosas. Me gustaría volver de nuevo y hablar contigo en otra ocasión. Abandonemos esa escena.

Después hice volver a Anna a su pleno estado consciente. Cuando despertó, Anna seguía recordando la escena de la crucifixión. Volví a encender la grabadora para registrar sus comentarios.

D: Has dicho que cuando contemplabas la escena a través de los ojos de tu padre, fue horrible porque Jesús tenía sangre por todo el cuerpo, no sólo en algunos puntos.

*A: Si le vieras en aquella cruz, como le vi a través de los ojos de mi padre, temblarías y te quedarías aturdida sin apenas poder respirar, al ver que semejante salvajada se hacía a un ser humano. Pensarías que era un dolor insoportable el de esos clavos que traspasaban su carne. Y después ver como saha toda esa sangre de las heridas de lanza. El color de su piel era casi gris. No parecía humano.*

D: ¿Tenía también heridas de lanza?

*A: Veo sangre que sale de vanos lugares. De modo que, sí, creo que le hirieron en muchos puntos. Y Sin embargo, como he dicho, sabía que él en realidad no sentía nada físicamente.*

D: ¿Tenía algo en la cabeza?

*A: Su cabello parecía una auténtica maraña. Cómo llena de barro y mojada.*

D: Tenía curiosidad porque, como sabes, tenemos imágenes de lo que creemos que ocurrió.

*A: Sí Pero no veo un... soy yo quien dice ahora que he visto imágenes de él. Y los cristianos dicen que llevaba una corona de espinas, pero en realidad no lo veo muy claramente. Veo, como he dicho, pelo enmarañado, sucio, lleno de barro. Quizá de haber rodado por el suelo o algo así, como polvo u hojas o...*

D: Tal vez eso fue lo que le ocurrió realmente.

*A: No lo sé.*

D: Quizá los cortes se los hicieron antes de ponerle en la cruz.

*A: Sí. (Una repentina revelación.) ¡Oh, ya sé! Creo que lo que percibo es que deben haber sido los soldados o simplemente la gente durante los disturbios quienes le pinchaban continuamente. Siento ahora mismo que ocurrieron cosas como ésa. Realmente creo que él era consciente de todos los pasos que iba dando antes de que ocurrieran. Y creo que se preparaba para cada paso del camino. Incluso creo que en la escena de la turba él se preparó contra el dolor. Porque pienso que el dolor se lo producía el hecho de que la gente le hiriera, le hiciera rodar por el suelo y prácticamente le pisoteara.*

D: Bien, para mí tiene sentido que no experimentara nada, porque él podía escapar de eso.

*A: Sí, y creo que lo hizo incluso antes de haber sido colgado en la cruz. Pude verlo a través de los ojos de mi padre. Ahora todas estas cosas vuelven. Pude sentir que mi padre hacia contacto usual con él. Cuando sus ojos se encontraron, fue como si sus ojos fueran los ojos de... alguien más. Quiero decir que eran sus ojos, pero en ellos no habla dolor. Llenaron a mi padre de ternura y de amor, y le decían que todo estaba bien.*

Visión de Anna del rostro de Jesús después del trance

# 11 - La muerte es sólo otra peregrinación

Sabía que tenía que haber una última sesión para terminar la historia de la relación de Noemí con Jesús. Tendríamos que hacerla pasar por la última parte de su vida. Quería también averiguar algunas cosas más sobre lo que había oído decir de él, rumores u otros hechos. Empleé la palabra clave de Anna y le hice la cuenta atrás.

D: Uno... dos... tres... hemos ido hasta el tiempo en el que vivía Noemí, hacia el final de su vida. ¿Qué haces? ¿Qué ves?

La voz de Anna sonaba muy vieja y cansada, y de esa manera continuó durante toda esta sesión. Suponía un gran contraste con el tono inocente y cándido de sus trece años cuya historia ha dominado gran parte de esta narración.

A: *Estoy en la aldea con los leprosos. Cuido de ellos.*
D: ¿Alguna vez te contagiaron?
A: *No. No, he tenido buena salud casi toda mi vida. He aprendido muchas cosas sobre sanación. Y me he protegido.*
D: Es un temor común en la gente, ¿verdad? ¿Tienen miedo a contagiarse de la enfermedad?

*A: Sí. Y el temor es lo que acarrea casi todas las enfermedades.*

D: Una persona corriente tendría miedo de ir a esa aldea, ¿verdad?

*A: Sí. Es difícil encontrar gente para atender a los que verdaderamente lo necesitan.*

D: ¿Qué edad tienes ahora más o menos?

*A: (Suspiro.) Tengo... sesenta... y ocho. (No parecía estar segura.)*

D: Entonces has vivido mucho tiempo, ¿verdad?

*A: (Débilmente.) Sí, así es.*

D: ¿Qué sientes respecto a tu vida?

*A: Siento... siento que he sido bendecida de muchas maneras. Siento que he sido útil. Y espero con ansia el momento de mi marcha.*

D: ¿Te casaste alguna vez?

*A: No. Estuve muy cerca. Pero no hubiera resultado.*

D: ¿Alguna vez lo has lamentado?

*A: En absoluto. Me sentí plena con otras cosas. Conozco al hombre que amé... Fui bendecida con esos raros momentos. Pero eso en sí bastó para llenar esa parte de mi vida. Sabía que tenía que hacer otras cosas.*

D: Realmente estabas entregada. ¿Alguna vez has regresado para ver a tus padres de nuevo?

*A: (Suspiró.) Oh, sí. Al principio, cuando vivían, si estaba en peregrinación, los veza más o menos una vez al año. Y después, tan a menudo como me era posible. Se me hacía difícil viajar. Y se me hacía más difícil encontrar a aquellos que debía instruir para que ocuparan mi lugar.*

D: ¿Entonces pasabas la mayor parte de tu tiempo en esa aldea de leprosos?

*A: Sí. Pero también iba a otras aldeas. Algunas eran comunidades establecidas, donde se celebraban reuniones para enseñar las leyes de Dios y la sanación. Ya otras iba simplemente a ayudar donde me*

216

*necesitaran.*

D: ¿Estas aldeas era grandes?

*A: No. La mayoría eran sólo comunidades pequeñas donde la gente no disponía de atención médica.*

D: Me preguntaba si yo podría reconocer los nombres de algunos lugares.

*A: Bueno, siempre que podía seguía yendo a Bar-el. Iba a una aldea de Ramat (fonéticamente), y a la colonia de leprosos, Grafna (fonéticamente).*

No me sorprendió no encontrar ninguno de estos nombres en un atlas del Israel moderno. Mi investigación indicaba que había gran número de pequeñas comunidades en esa región cuyos nombres (si alguna vez fueron registrados) no han llegado hasta nosotros, o pueden haber cambiado a lo largo de los siglos. El hombre judío que me ayudaba con ml investigación decía que los nombres de las ciudades eran definitivamente judíos. Bar-el significaría «Pozo de Dios», Bethsharon (mencionada anteriormente) significaría «Casa de Rosas». Ramat significa «colina» y probablemente hubiera otra palabra que formara parte del nombre. No pudo identificar de inmediato Grafna, pero dijo que ciertamente sonaba a judío. Cuando le hablé de estos hechos a Anna, dijo que le daba escalofríos. Sabía que estos detalles no procedían de su mente consciente, porque no sabe nada de hebreo, y nunca ha estado en contacto con esta lengua en su templo (el Templo Judío Reformado). Antes yo solía pensar que todos los judíos, simplemente por serlo, sabían hebreo, pero supongo que es tan ilógico como creer que todos los católicos saben latín.

D: Lo que sí es cierto es que te quedaste por aquella región, ¿es correcto?

*A: Sí. Viajar se convirtió en algo cada vez más difícil para mí. Y he pasado gran parte de mi tiempo aquí, donde más me necesitaban.*

D: ¿Tuviste ocasión de ir alguna vez a Nazaret?

*A: Sí, estuve allí.*

D: ¿Cómo es Nazaret? ¿Es una ciudad grande?

Trataba de comparar su descripción con la de Katie en Jesús y los Esenios.

*A: Era una ciudad de tamaño regular. Calles con mucho viento y edificios encalados. Y un mercado en la antigua comunidad.*

D: ¿La región de Nazaret es como la de Jerusalén?

*A: Es parecida, pero más pequeña. Recuerdo... recuerdo la parte central donde hay un mercado... y a la gente que va a buscar agua. Déjame ver. Y hay algunas colinas al fondo. Pero es pequeña comparada con la otra ciudad.*

D: Me preguntaba si el campo por el que tenías que viajar era el mismo.

*A: Ah, el paisaje de esa región. Es... Veo algunas colinas. Veo... caminos polvorientos. Oh, podía parecerse, sí.*

D: He oído nombres de algunos lugares y me preguntaba si habrías estado en ellos en tus peregrinaciones. ¿Qué hay de Cafarnaúm? ¿Has oído hablar alguna vez de ese lugar?

*A: Sí. Capernaum.*

D: ¿Está cerca de allí?

*A: Está... hace ya mucho tiempo. Creo que está a las afueras, lejos de Jerusalén. Creo que es una ciudad próspera... Recuerdo a un rico propietario de allí, y había algunos problemas. Pero mi tiempo lo pasaba sobre todo con los que me necesitaban, y prestaba servicio en lo que me habían instruido.*

D: ¿Y qué me dices del río Jordán? ¿Has oído hablar de él?

*A: ¡Oh, sí! El río Jordán, sí. (Pausa, como si pensara.) Esto... me recuerda cuando caminaba por esa región, cuando era más joven. Era precioso. Sí. (Esto pareció*

*traerle recuerdos.)*
D: ¿Has oído hablar de un lugar llamado Qumran?

Éste era el lugar en el que se encontraba la comunidad secreta de los esenios y la escuela de misterios, en los acantilados sobre el Mar Muerto.

*A: Ah, sí. (Risa sofocada.) Al Nazareno... fue a él a quien le oí hablar de Qumran. Y recuerdo que mis padres hablaban de ella: era una comunidad donde se observaban ciertas creencias, y donde seguían impartiendo enseñanzas. El Nazareno pasó un tiempo allí.*

Fue una validación que llamara a Qumran «una comunidad». Siempre la han llamado así (incluso los arqueólogos). Nunca se menciona como una aldea o ciudad.

D: ¿Te lo dijo él?
*A: Le recuerdo contándomelo, sí. Me lo dijo cuando me enseñaba a curar y a servir.*
D: ¿Qué te contó sobre el tiempo que pasó allí?
*A: Me contó que le habían enseñado el antiguo Árbol de la Vida. Que aprendió filosofía y sanación. Aprendió cosas que no se enseñan en la educación ordinaria.*
D: ¿Es ésa la clase de comunidad en la que se enseñan cosas así?
*A: Sí. Yen la escuela de allí. Pero creo que esta comunidad tiene una filosofía diferente.*
D: ¿Crees que fue allí donde aprendió muchas de las cosas que utilizaba?
*A: Así es, sí. Él tuvo que ser excepcional también en lo tocante a búsqueda de información, que quizá otros estudiantes no hacían. Y disponía de material al que sólo unos pocos podían acceder. Porque se interesaba o descubría cosas*

*dentro de sí mismo sobre las que se hacía preguntas.*

D: Da la impresión de que a él le enseñaron cosas que una persona normal desconocía. Esa escuela debe haber sido de un estilo distinto.

*A: Sí Aprendían cómo vivir en armonía con el universo, y la conexión que existe entre todas las cosas. Y el sendero de este Árbol de la Vida.*

D: ¿Qué quieres decir con el Árbol de la Vida?

*A: Árbol de la Vida es el antiguo misterio que algunos ocultaron para no volver a enseñarlo nunca más. El Templo no lo enseñaba.*

D: ¿Por qué no? Yo siempre busco el conocimiento. No puedo entender por qué la gente lo oculta.

*A: Porque perderán el control si la gente pudiese encontrar la verdad dentro de sí mismos. O tener entendimiento y aprender por sí solos, y mantener su propio poder y su fe en la conexión con todas las cosas y su Dios-Fuente.*

D: ¿Por qué considerarían que el Árbol de la Vida es algo que la gente no debía saber?

*A: Porque es la verdad. Son los diversos senderos del ser, del cuerpo y del alma de una persona, y su conexión con el sol y la luna y las mareas. Explica por qué existen las cosas y lo que son.*

D: Creo que sería maravilloso saber todo eso.

*A: Es lo que llaman la «Cábala».*

D: Oh, he oído esa palabra. Debe de llevar mucho tiempo aprender todas esas cosas.

*A: Exige una gran dedicación, porque no es tarea fácil asimilar toda la información, y aprender a usarla en la vida diana. No puedes transmitir esta información a una persona normal, porque es demasiado complicada. Así que debes aprender a filtrarlo a través de formas más sencillas para poder usarla en tu vida cotidiana y de esta forma, servir.*

D: ¿Trató él de enseñar a sus seguidores algunas de estas

220

cosas?

A: *Creo que lo hizo, con sus propias interpretaciones, para que pudiésemos comprender.*

D: Quieres decir que lo hizo de modo que no fuese tan complicado... ¿Alguna vez estuviste en Qumran?

A: *No, no recuerdo haber estado allí, no.*

D: ¿Has oído alguna vez hablar del Mar Muerto?

A: *Sí. Tiene otro nombre, pero también conozco ese nombre del que me hablas.*

D: ¿Con qué otro nombre lo has oído nombrar?

A: *(Titubea al intentar encontrar el nombre.) Es algo así como...¿Elot? Elot, tal vez la Roca de Elot... ¿de Elot? Recuerdo que hay una playa.*

D: También he oído que lo llaman El Mar de la Muerte y de otras muchas formas. ¿Sabes por qué lo llaman así?

A: *No lo sé. (Risa sofocada.) No creo recordarlo. ¿El Mar Muerto? Realmente no puedo acordarme si lo he conocido por ese nombre, aunque me suena conocido, pero no puedo...*

D: No importa. Sólo tenía curiosidad. Son nombres de lugares que he oído.

Anna dijo más tarde, cuando se hallaba despierta, que, como Noemí, conocía estos lugares con distintos nombres, pero no podía recordarlos. Pensaba que el Mar Muerto se llamaba algo así como «Lago de Asfalto». Le preocupaba no poder acordarse de los nombres correctos. Pero era perfectamente comprensible, porque hablábamos de una Noemí anciana, que probablemente hacía tiempo que no viajaba. En este momento de su vida se dedicaba a atender las necesidades de los leprosos.

D: ¿Qué me dices de Bethesda? ¿Has oído hablar de ese lugar?

A: *¿Bethesda? Está en la misma región, creo. Parece que es*

221

*otra pequeña comunidad. Estos nombres me resultan muy familiares, pero he estado alejada de esas pequeñas poblaciones.*

D: En cualquier caso, pensaba que las conocerías por otros nombres. Muy bien. Entonces te has quedado principalmente en esa misma región. ¿Has estado relacionada con muchos de los seguidores?

A: *Inmediatamente después de su muerte, muchos de ellos se desperdigaron y siguieron su propio camino, sólo porque temían por su vida. Vivieron con miedo durante muchos años y volvieron a los subterráneos. Yo me hice fuerte. (Suspira.) Escuché mi propia voz interior y el centro de mi corazón y seguí mi camino. Siento una gran tristeza porque la gente no entendió lo que él realmente trataba de hacer. Estos eran a los que él tanto se esforzó por llegar, pero no pudieron manejar la verdad sobre sus enseñanzas y sobre Dios, y sobre la manipulación del Templo y del gobierno. Es mucho más fácil para la gente aceptar su vida normal, porque tiene demasiado miedo a cambar. Ese estilo de vida no requiere pensar ni plantearse dudas, así que sencillamente siguen adelante y cumplen. Y como él estaba a favor del cambio, incluso aquellos que al principio estaban de su lado, le dieron la espalda, sólo por miedo, para sobrevivir. Creo que sus enseñanzas continúan a través de algunos de sus seguidores. Pero siguen aislados, callados, en secretas reuniones subterráneas. Han vivido con mucho miedo.*

D: ¿Tenían miedo de que alguien los persiguiera?

A: *Sí.*

D: Entonces suena como SI tú estuvieras haciendo más de lo que Jesús quería para ellos. ¿Es correcto?

A: *Este fue el mensaje personal que recibí de él. Y ésta es la tristeza que yo tengo, y que la gente no parece entender. Él se mantenía... enseñando. Ah, es difícil hablar a veces. (Su voz sonaba gastada y a veces las palabras*

222

*resultaban ininteligibles.) Enseñaba la vida en su forma*
*más simple, en su forma más auténtica. Por eso recorría*
*su camino y enseñaba.*

D: ¿Crees que la mayoría de la gente que le seguía no salió ni
trató de ayudar a los demás como lo haces tú?

*A: Probablemente cuando salieron de nuevo a la superficie*
*todo estaba silencioso. Eran motivo de temor para*
*muchos, y los romanos pusieron a todos en su contra.*
*Los romanos teman el control y el poder; con el miedo*
*se puede manipular fácilmente a la gente.*

D: Me resulta difícil entender por qué tenían miedo de esta
gente.

*A: Oh, porque podían continuar algunas de las enseñanzas y*
*encontrar seguidores. Y los romanos volverían a tener*
*motivos para temer.*

D: Pero parece que ya no tendrían nada que temer después de
deshacerse del personaje principal.

*A: Sus palabras y enseñanzas seguían vivas, aunque una vez*
*más volvieran a enseñarse en estos lugares de encuentro*
*subterráneos. Pero la mayoría de sus seguidores no*
*salió a la superficie en mucho tiempo.*

D: ¿Entonces no te relacionaste con ellos?

*A: Estuve en contacto con algunos que ayudaban en las*
*aldeas, o los veza cuando salía en peregrinación.*

D: ¿Qué me dices de los que has llamado «discípulos»?
¿Alguna vez te comunicaste con alguno de ellos?

*A: (Suspiro.) Oh, hace ya tanto tiempo, pero, sí. Algunos de*
*ellos seguían reuniéndose en los acantilados cerca de*
*Kinnereth. Y algunos de ellos intentaban mantener vivas*
*las palabras del Nazareno. Sí, algunos de ellos*
*siguieron adelante.*

D: ¿Recuerdas los nombres de algunos de sus discípulos?

*A: Recuerdo a Simeón. (Pronunciado: Sim-e-on.) Y...*
*(Pensando.) Abram. (Sonaba como A-from.) Estaba...*

*también Pedro.*

Esto lo dijo muy lentamente, como SI tuviese dificultad para recordar. Noemí era ahora una anciana y al parecer, estos acontecimientos habían ocurrido muchos años atrás.

D: Ésos son sobre todo los que tú...

*A: (Interrumpiendo.) Los que recuerdo haber vuelto a ver, SI.*

D: ¿Has oído hablar de un discípulo llamado «Judas»?

*A: Oh, sí. é El que se volvió contra él?*

D: Sí, creo que es del que más se habla.

*A: Sí, supimos de él antes de que ocurriera todo.*

D: ¿Lo sabías?

*A: Sí. Tuve visones de esto. Sí, sabíamos lo que hacía.*

D: ¿Puedes hablarme de ello? ¿Qué sabías?

*A: (Con tristeza.) Bueno, todo lo que puedo recordar es el último encuentro con el Nazareno, y mi visión. Y él me dijo que era acertada. Y él lo supo.*

D: Has dicho que sabías lo que le iba a ocurrir.

*A: Sí, y él también lo salma. Sabía que habla uno, tal vez más, que podían ser comprados con dinero y promesas de riqueza y poder, que se volverían en su contra. Aquellos a los que, si se los intimidaba lo suficiente, creerían a los romanos y se los podía persuadir.*

D: Me cuesta entender que alguien tan cercano a él hubiera podido actuar de ese modo.

*A: Bueno, todos tenemos libre albedrío. Y si dejamos que el miedo tenga el control, entonces resulta imposible distinguir cuál es la verdad. Así que es parte de su plan de vida.*

D: ¿Conocías a Judas?

*A: Le conocí en una ocasión hace muchos, muchos años, cuando hice mi primer viaje con el Nazareno.*

D: ¿Mostraba entonces algún indicio de que era así?

*A: No. No tuve un contacto muy personal, pero en aquel*

*tiempo tan lejano no existía ningún indicio.*

D: ¿Qué ocurrió? ¿Qué hizo?

*A: Le convencieron. (Suspira.) Fueron los romanos para que ayudara creando controversias y dudas sobre este obrador de milagros, este hombre enviado por Dios. Iniciaba disturbios y provocaba la violencia de los ciudadanos.*

D: ¿Quieres decir que fue una especie de instigador?

*A: Sí.*

D: ¿Ocurrió más o menos cuando el Nazareno fue arrestado?

*A: Sí, y todo fue concertado con su ayuda.*

D: Me cuesta entenderlo. ¿Recibió algo a cambio?

*A: Sí. Dinero y tierras.*

D: ¿Qué ocurrió con Judas? ¿Sigue por ahí? ¿Has vuelto a oír algo de él?

*A: Me han llegado diversas historias. He oído que fue asesinado. Y he oído que sencillamente... después de un tiempo no pudo soportar seguir viviendo, y se suicidó. He oído muchas historias diferentes.*

D: Así que no llegó a disfrutar ni del dinero ni de las tierras, ¿verdad?

*A: No, no lo creo. No pudo con lo ocurrido. Cuando tuvo que enfrentarse a sí mismo en su interior, fue mucho más de lo que podía soportar.*

D: ¿Has dicho que el Nazareno también tuvo visiones de que este hombre le iba a hacer algún tipo de daño?

*A: Sí. Lo sabía... sabía cuál era el propósito de su vida. Sabía para qué había venido aquí. Sabía cuándo debía ascender.*

D: Entonces no intentó hacer nada para evitarlo.

*A: Sabía que había una razón para ello. Saba que era parte del plan.*

D: Así que no intentó detener a Judas de ningún modo. ¿Es eso lo que quieres decir?

*A: Sí, eso es lo que quiero decir. Representó hasta el final la escena de su vida, de su propósito personal de estar aquí.*

D: Como has dicho, tuvo que ser decisión de Judas, de su libre albedrío. Supongo que habrás oído muchas historias diferentes después de la muerte del Nazareno. Yo también he oído muchas historias, y no sabía lo que era verdad y lo que no.

*A: (Risas.) Tal vez ninguna de las dos lo sepa.*

D: Por eso quería preguntarte, para saber si habías oído las mismas historias que yo. ¿Has oído alguna vez hablar de su nacimiento?

*A: Sí. Recuerdo a mis padres hablando... Yo era muy joven y había cosas que no entendía. Pero sé que su madre tuvo muchos hijos. Se consideró un milagro que ella pudiera concebir a un hijo como Jesús. Pero ocurrió, y luego volvió a dar a luz. Todos creían que era un milagro. (Risa sofocada.) Pero me temo que ocurrió de la manera habitual. Y el verdadero milagro era el niño en si, no su nacimiento.*

D: ¿Es la única historia que has oído sobre su nacimiento?

*A: Bueno. La gente parece creer que fue una especie de... concepción divina. Pero creo que no es éste el caso. Ellos habían estado intentando tener hijos.*

D: ¿Por qué crees que la gente trata de que parezca una concepción divina?

*A: No lo sé. Creo que son ideas inventadas por el hombre, con ánimo de manipulación o de poder. No lo sé con seguridad. Pero este niño fue verdaderamente un milagro. Sin embargo, pienso que todos podríamos decir que somos concebidos por Dios. Todos somos hijos de Dios. Ha habido otros niños extraordinarios.*

D: En eso mismo pensaba: como era tan excepcional, quizá creyeron que tenía que tener un nacimiento excepcional.

*A: Sí. Pero sé que hay otros que han caminado en esta*

*Tierra, con la misma conexión de Dios, el amor y la
capacidad que él tema. Pero él era... oh, ¡qué ideas
inventa el hombre sobre él!*

D: Pues sí, ésas son algunas de las historias que hemos oído,
que él tuvo un nacimiento milagroso.

A: *(Risas.) El milagro fue el hecho de que ella concibiera a
este hijo tan excepcional.*

D: Sí. Pero tu padre, dijiste, era su hermano de padre. ¿Es
verdad? Tu padre fue el hijo de José y de otra mujer?
(Dudaba.) ¿Lo digo bien?

A: *(Pausa.) El... medio hermano... de José... sí... ¿eso dices?*

D: La madre era otra.

A: *Sí, sí. Eso es verdad.*

D: ¿Fue antes de que se casara con la madre del Nazareno?

A: *Sí.*

D: Entonces tu padre ha tenido que ser mucho mayor que él,
Imagino, ¿es así?

A: *Lo era. Es verdad. Lo recuerdo.*

D: ¿Conociste alguna vez a la madre del Nazareno?

A: *Cuando niña recuerdo haberla visto, sí. Es un recuerdo
vago. Pero era una mujer normal. (Risa.)*

D: Me temo que en las historias que he oído, han intentado
deificar a la madre, sólo por el hecho de ser su madre.

A: *Según mis recuerdos de niña, era una gente muy sencilla.
Sus vidas eran pareadas a las de los demás. No recuerdo
nada excepcional en ella. Pero esto proviene de mi
niñez. Y ella tenía la misma apariencia que las demás
mujeres.*

D: ¿Qué hay sobre José? ¿Le conociste alguna vez?

A: *Recuerdo haberle visto, pero son recuerdos vagos. Y la
aldea donde los vi era pequeña y normal. Hacían las
cosas de siempre. Así era la vida cotidiana. Ella hacía lo
habitual. No recuerdo nada especial, salvo que hacían lo
mismo que los demás para sobrevivir.*

D: Desde luego, eso fue hace mucho tiempo. Te estoy haciendo recordar cosas que sucedieron hace mucho tiempo. O sea, que no había nada que destacara como distinto.

A: *No. Eran buena gente. Tal vez tenían un poco más porque... no eran pobres. Pero eran gente común. Jesús siguió sus creencias de la manera que juzgó conveniente, pero sus padres siguieron criando a sus hijos y viviendo su vida.*

D: También he oído muchas cosas sobre los milagros que hacía el Nazareno. Se ha dicho que podía resucitar a los muertos. ¿Has oído esas historias?

A: *Sí. He visto sanaciones. He aprendido. Sé que hay veces en que la persona podría estar muy cerca de la muerte, en las que los signos han disminuido hasta el punto de parecerlo. O tal vez se han ido durante unos instantes. Es posible hacerles volver, si realmente no es su momento. Esto sí lo vi.*

D: ¿Le viste a él hacerlo?

A: *Sí, una vez.*

D: ¿Puedes contarme esa experiencia?

A: *Lo recuerdo cuando estaba en la aldea de Bar-el. El me enseñaba, y me estaba permitido observar durante sus visitas de casa en casa. Había allí un hombre enfermo y con fiebre. Pero no era su momento, creo. Recuerdo que yo estaba en su casa, viendo a su mujer. Y había un niño pequeño. (Se emociona.) Y sé... oh, es difícil encontrar las palabras... (Llorando.) Pero aquello fue mucho más que un acontecimiento físico. Sé que entre la sanación del Nazareno y la profunda devoción y amor de la esposa, le hicieron volver. Vi al Nazareno poner las manos sobre este hombre. Y vi como éste recobraba la consciencia. Recuerdo que le habían dicho a la esposa que su hora de morir había llegado, pero no era así. Se recuperó de la fiebre. (Sorbiendo las lágrimas.) Creo que fue el aprendizaje y el conocimiento que tuvo de sí*

228

mismo, viviendo en armonía con el Dios-Fuente del universo, en el centro del corazón. Creo que era consciente de lo que se podía hacer. Pero también tuvo que ver con la verdad y la fe en la sanación que tenía la otra persona. Tenía que haber un deseo de seguir adelante y continuar en esta vida.

D: ¿Crees que podía haber hecho esto con una persona que hubiera estado realmente muerta durante mucho tiempo?

A: No. Creo que la persona tenía que querer regresar. Tener la necesidad de hacer algo más aquí en esta vida.

D: ¿Fue éste tal vez el mayor milagro que conozcas, resucitar a alguien de entre los muertos?

A: Creo... es posible que lo sea. Pero para mí, ver otras curaciones, devolver a alguien la integridad física, o devolverles el gozo y el amor, a ellos o a su familia, era lo mismo. Devolverles entera el alma y el corazón. Pero creo que sí, que para muchos hombres y mujeres, éste sería el más grande.

D: Me preguntaba cuál lo sería, en tu opinión. ¡Hizo tantas cosas maravillosas!

A: Sí. Es difícil de decir, ya que en cada milagro que él creaba con la ayuda de la persona que era sanada, era un milagro ver los rostros de sus seres queridos. Esto era igualmente importante. Eso curaba tanto como lo demás.

D: Sí. Creo que es maravilloso que te permitieran conocerle, y aprender de él. Fue muy importante. Y creo que has hecho mucho a tu manera, también, ayudando a otros.

A: Lo intenté.

D: Y compartiendo estas enseñanzas con otros. Eso es muy importante. Creo que de ese modo también has hecho mucho con tu vida. Bien. Ahora quiero que te adelantes hasta el último día de tu existencia. Puedes contemplarlo como un observador, si lo deseas. No te resultará molesto en absoluto decirme qué ocurrió en ese día.

El cambio fue inmediato. No fue necesario contar.

*A: (Gran suspiro.) Sé que ha llegado mi hora. Creo que estoy sencillamente agotada y preparada para irme.*

D: Has vivido una larga vida, ¿verdad?

*A: Sí. Sé que hay algunos de los que han trabajado conmigo que podrían ocupar mi lugar, trabajar en esta aldea, hacer las peregrinaciones y seguir adelante. Pero he salido a caminar fuera de la aldea, hasta este lugar al que suelo venir. Y me siento, apoyándome en un árbol. Aquí es donde tengo costumbre de pensar, rezar o hablarle al Nazareno.*

D: ¡Oh! ¿Aún habla contigo ahí?

*A: Sí. Oh, podía sentirle en cualquier lugar donde me encontrara. Pero aquí estoy lelos y sin preocupaciones. Puedo sentarme en paz, y sentir verdaderamente la luz, el calor y el brillo que irradia. (Lentamente.) Así que él me dará la bienvenida al siguiente nivel.*

D: Ahora avancemos hasta que ya haya ocurrido. ¿Qué ves?

*A: (Risa.) Puedo hacer esto; es muy distinto. Puedo ver mi cuerpo... (Risa ahogada.) Puedo verme apoyada en el árbol, sentada, con mucha paz.*

D: ¿Fue una muerte dulce?

*A: Sí, allí hay paz. Me sentía muy cansada. Cerré los ojos, y ahora estoy aquí contemplando mi cuerpo. Ocurrió muy rápido. Es muy extraño, pero la sensación es también maravillosa.*

D: ¿Qué más ves?

Ella sonreía, y pude sentir la felicidad que irradiaba.

*A: Veo al Nazareno que me llama. Oigo que me da la bienvenida. Me dice que ahora es éste mi hogar. Que me aguardan mucho gozo y aprendizaje. Y veo ese sendero frente a mí. (Risa.) Parece que estamos en otra peregrinación.*

D: ¿Bajas por el sendero?

*A: Él me toma de la mano. Siento como si fuese todo muy lento, me muevo muy despacio. Parece como si solo fuese de camino a otra aldea, allá lejos. Es la sensación de llegar a casa y estar donde tengo que estar. Si esto es la muerte, entonces la muerte sólo es otra peregrinación.*

D: ¿Qué piensas de la vida que acabas de abandonar?

*A: Oh, siento... siento que traté de hacerlo lo mejor posible. Oh, pero siento dolor, siento dolor por la gente, la gente de este mundo, tan lenta para aprender y ver la verdad.*

D: Has aprendido muchas cosas en esa vida, ¿verdad?

*A: Oh, fui muy bendecida en esa vida. Me llené de amor y de dedicación, y el Nazareno nunca me abandonó. Fue a él a quien más amé. Y por eso no debía casarme. Porque estaba llena de ese amor y de ese conocimiento, y sabía que tenía que hacer cosas en solitario, para poder dar el máximo.*

D: Parece que fue una vida plena. Hiciste muchas cosas. ¿Sabes adónde irás ahora?

*A: Sólo sé que voy a un lugar donde tienes la sensación de estar en tu hogar; allí seguiré aprendiendo.*

D: Eso será estupendo. Has vivido una vida muy hermosa, y te agradezco por compartir conmigo el conocimiento que has alcanzado en esa vida. Realmente te lo agradezco mucho.

*A: Yo también te doy las gracias.*

D: Bien. Abandonemos esa escena.

Hice volver a Anna a su pleno estado de consciencia, y Noemí se retiró por última vez, para no volver ya a ser llamada.

Pasaron muchos meses, y cuando ocasionalmente veía a Anna, decía que sentía curiosidad por conocer los pormenores

231

de la regresión. Varias veces trató sinceramente de escuchar las cintas, pero por extraño que parezca, nunca podía llegar muy lejos. Se sentía incapaz de aceptar que estas palabras salieran de ella. Demasiadas emociones ocultas se movían en lo profundo de su ser. Estos sentimientos siempre la obligaban a detener la grabadora. Anna habló con muy poca gente sobre la regresión, sólo cón los amigos más íntimos en quienes podía confiar, e incluso a éstos les hablaba con titubeos y sin dar demasiados detalles, nunca les contó la experiencia completa. Era algo demasiado personal y profundo para arriesgarse al ridículo o a la Incredulidad, así que se lo guardó para sí misma.

Despúes de vanos meses le pregunté si le resultaría más cómodo leer las transcripciones, ya que no podía escuchar su propia voz diciendo estas cosas. Se mostró deseosa de hacerlo, porque su curiosidad quería saber los detalles. Le entregué un borrador de las transcripciones, extraídas directamente de las cintas. Pudo leerlas porque le proporcionaban la objetividad que ella necesitaba. Esto eliminó la conexión personal de su propia voz, y fue parecido a leer una novela. Pero incluso con esta objetividad, la historia de la relación de Noemí con Jesús la hirió en lo más vivo.

Cuando Anna me devolvió las transcripciones, puso una breve nota: «Te agradezco de todo corazón que me hayas devuelto una parte de mí misma. Una Pieza que es una parte muy importante de mi camino para volver a casa. Las palabras resultan inadecuadas para expresar mi agradecimiento. Me has conmovido de verdad, y gracias a ti he crecido».

Anna no posee instrucción artística, pero dijo que de vez en cuando podía dibujar o pintar cuadros extraordinarios. A menudo la inspiración llega de manera inesperada. Tal vez este talento provenga de una vida anterior aun no explorada. Después de estas sesiones sobre la relación de Noemí con Jesús, inexplicablemente hizo el bosquejo del cuadro que aparece aquí. Dice que es lo que más se parece a su visión de Jesús.

La memoria de su relación con Jesús se desvaneció en su subconsciente, y las vidas de estas dos mujeres volvieron a la normalidad. Aunque yo me pregunto si realmente alguna vez volverían a ser normales. Sus vidas volvieron a ser las de siempre, y las regresiones fueron olvidadas. Había sido un intervalo interesante y nada más. Habían ayudado a Mary a entender problemas que había tenido en relación con los hombres en su vida actual. Creo que le hizo posible comprender de dónde procedían estos sentimientos, y de qué manera la inhibían. Tuvo una relación con un amigo, y se dedicó de lleno a su negocio de plantas. Esto y la educación de sus dos pequeños, fue suficiente para mantenerla completamente ocupada.

Anna tenía más trabajo que nunca con su establecimiento de hostelería. Ella y su marido consiguieron más propiedades en alquiler, lo cual requirió también mayor dedicación. En cualquier momento libre que tenía, ofrecía sus servicios voluntarios a un *hospice*,* y proporcionaba consejo a pacientes y familias respecto a la muerte. De este modo creo que estaba permitiendo que el amor desinteresado y atento de Noemí por los enfermos y moribundos se filtrara en su vida actual. Otras personas me han dicho que trabajar en el programa del *hospice* puede ser a menudo deprimente, por la idea de la proximidad de la muerte. Pero a Anna le resultaba satisfactorio y altamente gratificante prestar este servicio. Dijo que había intentado trabajar de voluntaria en otras áreas, pero nada la hacía sentirse más realizada que trabajar con enfermos terminales. Había encontrado su propio lugar en esta ocupación.

Creo que la influencia de una relación con Jesús aún seguía presente en la vida de estas mujeres, pero a un nivel

---

* Nombre genérico dado a los centros de cuidados paliativos para terminales creados bajo las normas de Elisabeth Kübler-Ross. (N. de la editora.)

subconsciente, no en otro en el que lo admitieran de buena gana. Creo que asumieron estas regresiones de modo maduro y saludable. Nos han devuelto una porción de la historia, gracias al recuerdo de esta relación que llevaban oculta en un apartado rincón de su subconsciente. Creo que el propósito definitivo de las regresiones contenidas en este libro, y la de Jesús y los Esenios, es devolvernos al Jesús auténtico. Mostrarnos cómo era él realmente. Siempre he tenido la sensación de que él debe haber tenido algo muy distinto y especial para haber conseguido que sus actos resistieran la prueba del tiempo. Pero, hasta estas regresiones, no había captado nunca lo que era ese algo.

Mientras me hallaba sentada en la habitación en penumbra y escuchaba a la mujer en trance tendida en la cama reviviendo esta historia, vislumbré la verdadera personalidad de Jesús, el tremendo carisma de este hombre, y su extremada suavidad. Nunca antes había sentido que un ser humano irradiara un amor semejante. A medida que Mary y Anna hablaban de sus encuentros, el amor en sus voces era más significativo. Yo permanecía sentada en mi silla, dejando que este tremendo sentimiento me inundara, y trataba de absorberlo como por ósmosis. Sentía como si yo también estuviera en su presencia, y me daba cuenta de por qué ejercía ese efecto en la gente. No era posible estar en su presencia y no amarle.

Antes de empezar a escribir este libro hice escuchar a un hombre parte de las cintas, y él también se sintió visiblemente conmovido por las palabras de las mujeres. Suspiré y dije: «Ahora bien, ¿cómo voy yo a trasladar ese sentimiento al papel?». Él contestó, con una mirada clavada en la lejanía: «Tienes que intentarlo». Y es lo que he hecho. He intentado, aunque pueda no resultar convincente, transferir esa emoción al papel a través de la palabra escrita. Nadie que no hubiese estado allí, será capaz de apreciar la difícil tarea que me fue encomendada.

Siento que fue para mí un privilegio participar en estos

momentos de la historia, y sé que tengo la obligación de intentar transmitírselos a la humanidad. Espero haber conseguido revelar a Jesús como un ser humano pacífico y solícito, que fue capaz de desarrollar y aplicar los talentos que todos tenemos dormidos dentro de nosotros. Un hombre cuyo amor por los humanos no conoció límites.

# SOBRE LA AUTORA

Dolores Cannon nació en San Luis, Misuri, en 1931. Creció y se educó en Misuri hasta que, en 1951, se casó con un soldado profesional de la Marina. Durante los veinte años siguientes, viajó por todo el mundo, como es común entre las esposas de marinos, y formó una familia.

En 1968 tuvo su primer contacto con la reencarnación y la regresión hipnótica cuando su esposo, un hipnotizador aficionado, tropezó con la vida pasada de una mujer a la que estaba hipnotizando (aparece en su libro *Five Lives Remembered*). En aquellos tiempos, el tema de las vidas pasadas era poco ortodoxo y muy poca gente experimentaba en este campo. Aunque despertó su interés, tuvo que dejarlo a un lado porque las exigencias de la vida familiar eran prioritarias.

En 1970, su marido fue relegado del servicio por invalidez y se retiraron a las colinas de Arkansas. Inició entonces su carrera como escritora y vendió sus artículos a diversas revistas y periódicos.

Cuando sus hijos se independizaron, se reavivó su interés por la reencarnación y la hipnosis regresiva. Estudió los distintos métodos de hipnosis y a partir de ellos desarrolló su propia técnica que le permitió obtener información de aquellos a quienes hipnotizaba con gran eficacia. Desde 1979, ha practicado la regresión y ha catalogado la información que le han facilitado cientos de voluntarios. Ella se considera una regresionista e investigadora psíquica que recopila conocimientos «perdidos». También ha trabajado para la Mutual UFO Network (MUFON) durante vanos años.

Entre sus libros, se han publicado: *Ellas caminaron con Jesús* y *Jesús y los Esenios* (publicados en España por Luciérnaga y en Inglaterra por Gateway Books), *Conversations with Nostradamus* (3 volúmenes), *Keepers of the Garden* y *Conversations with a Spirit*. También ha escrito otras obras, aún sin publicar, sobre sus casos más interesantes.

Dolores tiene cuatro hijos y trece nietos que le exigen mantener un sólido equilibrio entre el mundo «real» de la familia y el mundo «invisible» de su trabajo. Quienes deseen mantener correspondencia con ella sobre su trabajo pueden escribirle a la siguiente dirección: (Se ruega incluir un sobre sellado con la dirección del remitente para la res- puesta.)

Ozark Mountain Publishing, Inc.
P.O. Box 754
Huntsville, AR 72740-0754

.

www.ingramcontent.com/pod-product-compliance
Lightning Source LLC
Chambersburg PA
CBHW051952090426
42741CB00008B/1356